ENTRE TU Y YO

Marie Sheppard
University of Colorado, Boulder

Francisco Javier Cevallos
University of Massachusetts, Amherst

Kimberly D. Trimble
California State University, Long Beach

With the collaboration of

Claire Emilie Martin
California State University, Long Beach

Holt, Rinehart and Winston, Inc.

Fort Worth Chicago San Francisco Philadelphia
Montreal Toronto London Sydney Tokyo

Publisher: Ted Buchholz
Senior Acquisitions Editor: Jim Harmon
Developmental Editor: Kathleen Dinuzzo Ossip
Project Editor: Katherine L. Vardy
Production Manager: Annette Dudley Wiggins
Design Supervisor: Serena L. Barnett
Illustrator: Axelle Fortier
Text Design: Caliber Design Planning, Inc.
Cover Art: Jo Arnold
Photo Researcher: Rona Tuccillo
Compositor: University Graphics, Inc.

Photo and literary credits appear in the back of the book.

Sheppard, Marie, 1953-
Entre tú y yo / Marie Sheppard, Francisco Javier Cevallos, Kimberly D. Trimble ; with the collaboration of Claire C. Martin.
p. cm.
ISBN 0-03-023197-3
1. Spanish language--Conversation and phrase books. I. Cevallos Candau, Francisco J., 1956- . II. Trimble, Kimberly D. III. Title.
PC4121.S537 1990
468.3'421--dc20 89-30506
CIP

Address for editorial correspondence: Holt, Rinehart and Winston, Inc., 301 Commerce Street, Suite 3700, Fort Worth, TX 76102

Address for orders: Holt, Rinehart and Winston, Inc., 6277 Sea Harbor Drive, Orlando, Florida 32887. 1-800-782-4479, or 1-800-433-0001 (in Florida)

Printed in the United States of America

ISBN 0-03-023197-3
0 1 2 3 039 9 8 7 6 5 4 3 2 1

Holt, Rinehart and Winston, Inc.
The Dryden Press
Saunders College Publishing

Acknowledgements

The authors wish to express their appreciation to all those who helped to bring this book into being:

Kathy Ossip, Katherine Vardy and Sharon Alexander from Holt for their professionalism, attention to the myriad details, and those warm and wonderful voices on the telephone; Francisco Perea for a very thorough and helpful reading of the final manuscript; Angel Loureiro, who so painstakingly edited an early draft; Juan Manuel Sosa, for proofreading two of the chapters, and for the lively dialogue in the Foreign Language Resource Center on the cultural and linguistic nuances of Spanish; to each other for keeping a sense of humor through it all.

The authors would also like to acknowledge the work of the many reviewers who provided insightful comments and constructive criticism for improving the text: Sylvia Anadon, University of Notre Dame; Debra Andrist, Baylor University; Barbara Benjamin, Los Angeles City College; Mary Lee Bierman, Rockland Community College; Penelope M. Bledsoe, United States Naval Academy; Dale Carter, California State University—Los Angeles; Carmen J. Coracides, Scottsdale Community College; Brunilda Núñez-Cronk, Golden West College; James J. Davis, Howard University; Eugene Del Vecchio, University of Maine; Beatriz G. Faust, Houston Community College; Rosa M. Fernández, The University of New Mexico; David A. Foltz, Indiana University of Pennsylvania; Robert W. Hatton, Capitol University; Ann Nickerson Hughes, Mercer University; Lizette Mujica Laughlin, University of South Carolina; Susanne E. Lipp, Kutztown University of Pennsylvania; J. Heli Hernández, University of Lowell; Paula R. Heusinkveld, Clemson University; Timothy Murad, University of Vermont; and Judith Rusciolelli, University of Wisconsin—Stevens Point.

Marie also wishes to thank a number of others:

My parents, who started this fascination with Spanish and teaching in the first place, taught me the discipline to do something with it, and spent hours checking galleys; Gabriel, who gave up so much time with Mom; Morgan for coming to the rescue with his computer; José, who drove long miles to Gabe-sit; and Leo for his patience.

Contents

Preface

Foreign language educators increasingly agree that oral proficiency should be a major goal of language learning. Getting students to speak in the highly artificial classroom environment, however, is a challenging task. Students must believe that the efforts needed to express themselves in a foreign language hold academic and personal rewards for them. Further, they must have the skills and knowledge—the communicative functions and essential vocabulary—to express their ideas and opinions. Finally, they must have opportunities first to practice speaking in supportive settings and then to use the language creatively to express themselves. *Entre tú y yo* is specifically designed to assist instructors in creating a rich classroom environment in which students can develop oral proficiency and cultural awareness. Through its careful presentation of communicative structures and vocabulary, a broad range of thought-provoking and controversial reading selections, and a wide array of classroom community-building activities and conversational opportunities, this text provides the tools and opportunities for meaningful oral communication.

Entre tú y yo has several characteristics that encourage lively conversation and oral skill development in the classroom.

- **Materials and activities are highly personal and interactive.** The text provides a variety of activities that meet the needs of students with divergent interests, ability levels, and learning styles. Community-building activities create an environment of trust and camaraderie in which students enjoy participating. Whole-class, small-group, and dyad activities encourage students to respond with personal experiences and ideas.
- **Essential language and structures are presented in context.** Targeted language appears in clear and meaningful contexts, with opportunities for practice in specific situations that simulate real-world environments.
- **Reading selections and activities are controversial and intellectually challenging.** Though survival-level skills are obviously important, the text also attempts to tap into the range of cognitively sophisticated experiences and opinions of university-level students. Using systematically graded language, chapters present students with thought-provoking materials and activities that are conducive to active student participation.
- **Authentic readings, realia, lengthy cultural notes, and structured native-speaker interviews highlight the Hispanic world.** Through these materials, students explore Hispanic life and values, developing cultural understanding and making cross-cultural comparisons.
- **Language, reading selections, and activities are carefully graded.** The text builds upon existing knowledge and practices previously presented materials. While the text presupposes at least a year of college-

level Spanish, materials and activities are appropriate for students with a broad range of language and personal experiences.

- **Chapter reviews highlight important information.** Review activities further encourage the acquisition of language proficiency through a variety of comprehension checks, vocabulary exercises, open-ended language activities and independent writing exercises.
- **Appendices contain additional useful vocabulary and expressions.**

An overview

Each of the ten chapters in the book explores a timely theme, with communicative functions, vocabulary, reading selections, and activities providing additional amplification of the chapter topic. Chapters are divided into three major sections.

¿Cómo se dice?

Essential language formulas and vocabulary are systematically presented and practiced in this section. From easily accessible structures in early chapters, the language and functions become increasingly sophisticated and complex in later parts of the book. In each chapter, two functional language sections introduce expressions useful for common situations. Presented in context with illustrative art, these sections provide basic language tools for exploration of the chapter theme and active participation in the conversation activities.

A supplemental list of related vocabulary, **Vocabulario activo,** follows each **¿Cómo se dice?** section. This list includes additional words that are importantly linked to the functions and chapter themes.

An **Ampliación de palabras** follows many **¿Cómo se dice?** and reading selections. This unique component highlights words that pose special problems for correct conversational usage. Multiple nuances, cultural meanings, and social contexts for these words are examined to provide students with a richer understanding of the terms.

Finally, **Actividades** provides opportunities to practice the structures and vocabulary introduced in the section. A range of interesting activities allow students to experiment with the structures in simulated language exchanges.

Para pensar

Entre tú y yo uses an array of authentic materials from throughout the Hispanic world—including articles, menus, advertisements, and cartoons—to motivate students to communicate. Chosen for their accessibility for intermediate students, these selections provide carefully graded language input and stimulation for student thought and discussion. Each **Para pensar** section is followed by a **Comprensión** section. Questions, matching, fill-in-the-blanks, or other activities serve as a check of student understanding of the reading. An additional component, **Y tú, ¿qué piensas?,** also follows each selection. These questions and debate topics encourage students to express their own ideas about and reactions to the selections.

A key element of the book is the **Actividades** sections that explore the chapter theme in engaging ways. The diverse and imaginative activities—including roleplays, structured interviews, small group activities, games, surveys, and problem-solving exercises—encourage students to interpret, think independently, and use key language structures creatively in meaningful and entertaining contexts.

Mas allá

The concluding section, **Más allá,** draws attention to the major thrusts of each chapter. **Entre dos mundos,** a short cultural reading that focuses on daily cultural values in the Hispanic world, acknowledges that communicative competence involves more than simply mastering the linguistic code. Sources of intercultural misunderstanding are treated to assist students in successful communications outside of the classroom. **Palabras, palabras, palabras** includes exercises for the student to practice and review the vocabulary contained in the chapter. **Para expresarse** is a creative, open-ended activity that draws on the skills developed in the chapter. **Diario** suggests topics for a personal journal that students keep throughout the course. These entries require students to record personal reactions to an aspect of the chapter that had special significance for them.

Notes on using this book

Entre tú y yo provides a great deal of flexibility for instructors, permitting adaptation to both their students and class schedules. The wide variety of activities and readings allows instructors to select materials that meet the needs of students with divergent interests, ability levels, and experiences or to provide supplemental materials for more advanced students. In many of the activities, students with varying language skills can respond or participate at their own level.

The ten chapters can also be used in a variety of ways. While progressing from simple to more complex structures and selections, chapters can easily be switched or omitted at the discretion of the instructor. The book's large number of selections and activities facilitates adaptation to classes of different lengths. Instructors of year-long classes could supplement this book with a grammar review or perhaps a selection of literary texts, depending upon the classtime available.

Finally, teachers and students alike should feel free to add to, adapt, and experiment with the materials in this book. Conversational skills can serve as a key to open the world of another language and culture. We are sure some instructors might wish to draw upon the ever-increasing wealth of written, recorded, or transmitted resources in Spanish to help students bridge the gap from one culture to another.

Marie Sheppard
Javier Cevallos
Kim Trimble

ENTRE TU Y YO

ENTRE TU Y YO

CAPITULO 1

¡Vamos a conocernos mejor!

- Cómo intercambiar información personal
- Expresiones para mantener una conversación activa

I. ¿COMO SE DICE?

Cómo intercambiar información personal

Cuando nos encontramos *(we meet)* en una reunión social, normalmente queremos saber algunas cosas sobre las personas que están allí y decirles también algo sobre nosotros mismos. Es decir, nos gustaría compartir *(share)* información general sobre nuestras familias, lo que estudiamos, dónde vivimos y algunas de nuestras actividades.

Preguntas que podemos hacer

Respuestas sobre nosotros mismos

Más preguntas

- ¿Qué estudias?

Más respuestas

- Estudio comercio.
  . . . humanidades.
  . . . medicina.

- ¿Cuál es tu especialidad?
- ¡No sé todavía!
- ¿Cuáles son tus pasatiempos? (¿Qué haces en tus ratos libres?)
- Me gustan los deportes, el cine y la vida al aire libre.

VOCABULARIO ACTIVO

(la) edad[1]	*age*
(la) especialidad	*major at the university*
(el) pasatiempo	*hobby*
(el) rato libre	el tiempo en que uno no tiene que estudiar ni trabajar
casado(-a)	*married*
comprometido(-a)	*engaged*
divorciado(-a)	
soltero(-a)	*single*
viudo(-a)[3]	*widowed*

Ampliación de palabras

> Siempre que encuentres un numerito (1, 2, 3) detrás de una palabra, podrás referirte a la explicación de la **Ampliación de palabras.**

1. **Edad. ¿Cuántos años tienes?** y **¿Qué edad tienes?** preguntan la misma cosa. Entonces, ¿qué crees que significa la palabra **edad**? Nota que la palabra **edad** no se usa en la respuesta *(answer)*.
2. Observa que cuando la reportera habla con César, usa **usted,** y cuando habla con Irene, usa **tú.** ¿Cuál de las formas usas con un compañero? ¿Cuál usas con un desconocido *(stranger)*, sobre todo si es una persona mayor? ¿Qué forma usas al hablar con tu profesor(a)?
3. **Casado, soltero, divorciado, viudo.** Estas palabras se usan como sustantivos **(El viudo tiene tres hijos)** o como adjetivos **(Mi hermana viuda vive cerca).**

Actividad

La ficha del hotel. *Angel Rivas y tú están participando en el mismo Congreso Internacional que se reúne en la República Dominicana. Llena* (fill out) *tu ficha del hotel (página 6).*

HOTEL LOS REYES
Calle Hostos 25
Santo Domingo

HABITACION Nº 534

APELLIDOS: Rivas Escobar

NOMBRE: Angel

DOMICILIO: Buenos Aires

NACIONALIDAD: argentino

Nº DE PASAPORTE: 9156783

HOTEL LOS REYES
Calle Hostos 25
Santo Domingo

HABITACION Nº 250

APELLIDOS:

NOMBRE:

DOMICILIO:

NACIONALIDAD:

Nº DE PASAPORTE:

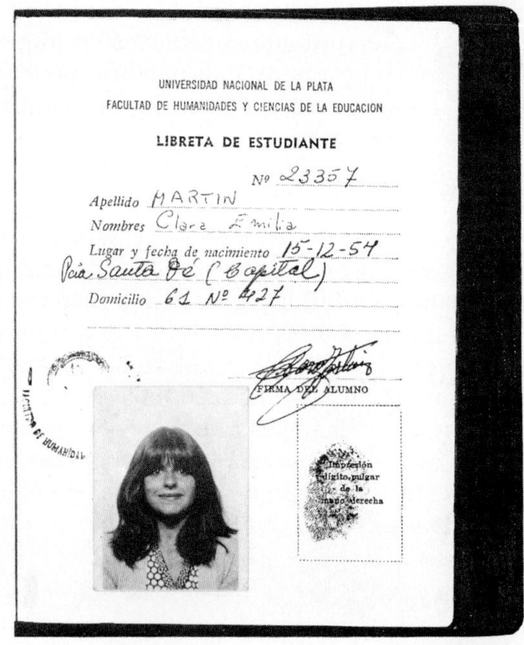
UNIVERSIDAD NACIONAL DE LA PLATA
FACULTAD DE HUMANIDADES Y CIENCIAS DE LA EDUCACION

LIBRETA DE ESTUDIANTE

Nº 23357

Apellido MARTIN
Nombres Clara Emilia
Lugar y fecha de nacimiento 15-12-54
Pcia Santa Fé (Capital)
Domicilio 61 Nº 427

FIRMA DEL ALUMNO

Impresión dígito pulgar de la mano derecha

¿Cómo llenarías tú esta libreta de estudiante?

PARA PENSAR

Desean intercambiar cartas

Tengo 17 años y curso 3o de bachillerato[1]. Me gusta coleccionar estampillas, practicar deportes, escuchar música y bailar. Contestaré a todos los que quieran° escribirme.

todos . . . *all who wish*

Cecilia M. Falcón

San José, Costa Rica

Deseo mantener correspondencia con jóvenes de ambos° sexos, en especial en Estados Unidos, pero pueden escribirme de cualquier° país del mundo. Tengo 25 años y estoy estudiando inglés.

los dos
any

Rafael Santos Aguilar

Veracruz, México

Soy profesora de francés en el colegio Simón Bolívar. Tengo 31 años. Quiero mantener correspondencia con colegas de habla francesa de cualquier parte del mundo. Me interesan mucho el arte, la música y la literatura.

María Cristina Ramos

La Guaira, Venezuela

Ampliación de palabras

1. **Bachillerato.** En los países hispanos antes de entrar a la universidad los estudiantes asisten a instituciones que tienen nombres muy variados según el país, por ejemplo: **el colegio, la escuela superior, el instituto** y **la escuela secundaria** son algunos. **El colegio** es generalmente una institución privada. En España se llama **BUP** (Bachillerato Unificado Polivalente) a los grados del noveno al doceavo.

Comprensión

Llena los recuadros siguientes usando la información que tienes en las tres cartas.

	Cecilia	Rafael	María Cristina
edad			
nacionalidad			
lo que estudia/ profesión			
pasatiempos/ intereses			

Y tú, ¿qué piensas?

1. ¿Has tenido un amigo (una amiga) por correspondencia? ¿De dónde era? ¿Se escriben todavía? Si nunca has tenido un amigo por correspondencia, ¿te gustaría? ¿De qué país o estado? ¿Por qué?

2. ¿Con cuál de las tres personas te gustaría tener correspondencia? ¿Con Cecilia, Rafael o con María Cristina? ¿Por qué?

Actividades

A. **Nuevos amigos.** *Escribe un anuncio* (ad) *similar a los de la página 7, pero no lo firmes* (don't sign it). *Descríbete a ti mismo e indica el tipo de persona con el que te gustaría mantener correspondencia.*

Los estudiantes deben colocar los anuncios en un tablero (bulletin board) *o en una mesa. Cada persona de la clase debe leer los anuncios y elegir uno que le interese. Paseándote por el salón de clase, haz preguntas que te ayuden a identificar al autor (a la autora) del anuncio que te atrae. Cuando hayas encontrado a tu pareja* (partner), *ustedes estarán en posición de conocerse mejor por medio de una entrevista* (interview).

B. Entrevista. *Hazle estas preguntas a un compañero o a una compañera. Pregúntale también cosas que te interesen a ti personalmente y que no estén en la lista. Cuando termines, escribe un breve resumen* (summary) *de lo que ya sabes sobre tu compañero o compañera.*

Preguntas	**Respuestas**
¿Cómo te llamas?	________________
¿De dónde eres?	________________
¿Dónde vives ahora?	________________
¿Dónde vive tu familia?	________________
¿Tienes hermanos?	________________
¿En qué trabajan tus padres?	________________
(¿tus hermanos? ¿tu esposo(-a?))	________________
¿Qué clases tienes?	________________
¿Cuál es tu especialidad?	________________
¿Qué haces cuando no tienes que estudiar?	________________
¿Coleccionas alguna cosa?	________________
¿Por qué estudias español?	________________
¿Cuál es tu color favorito?	________________

II. ¿COMO SE DICE?

Cómo mantener una conversación activa

Cuando aprendes otro idioma, al comienzo *(at first)* es difícil mantener una conversación con un hablante de esa lengua. Probablemente tú sabes lo que quieres decir, pero no siempre comprendes lo que la otra persona te dice. Es una buena idea aprender a «controlar» una conversación, para que tú y la persona con quien hablas se comuniquen de verdad.

Expresiones para indicar interés en lo que dice otra persona

Expresiones para pedir ayuda cuando no comprendes algo

VOCABULARIO ACTIVO

querer decir	significar
¿Cómo?	*What?, I beg your pardon?*
¿De veras?	*Oh, really?*
por supuesto	*of course*
despacio	*slowly*

Actividad

De compras sin el diccionario. *Divídanse en grupos de tres o cuatro personas. Cada grupo debe escribir en inglés en pedazos de papel al menos ocho productos que necesiten comprar en un país hispano, pero para los cuales no conocen la palabra adecuada en español. Metan los papeles en un sobre* (envelope). *Intercambien los sobres con otro grupo y, por turnos, saquen palabras de los sobres. Trata de explicar a los otros miembros de tu grupo (los cuales desempeñan el papel de dependientes* (clerks) *de las tiendas) qué quieres, usando cualquier medio, con excepción del inglés. Cuando el grupo adivina* (guesses) *la palabra (en inglés), otra persona toma su turno.*

¿Has visto alguna vez letreros *(signs)* parecidos? ¿Dónde?

PARA PENSAR

VOCABULARIO ACTIVO

dominar (un idioma)	*to be fluent (in a language)*
(el/la) comerciante	*businessman (woman)*
(el hombre (la mujer) de negocios	comerciante
(el) idioma	lengua
(la) ventaja	*advantage*
estadounidense	de Estados Unidos

¿Para qué hablar otro idioma?

Veamos algunas estadísticas interesantes:

—Hay más profesores de inglés en la Unión Soviética que estudiantes de ruso en Estados Unidos.

—Más de 10.000 hombres de negocios japoneses vienen a Estados Unidos cada año y hablan inglés correctamente. Por otro lado°, unos 900 hombres de negocios estadounidenses van cada año a Japón en viajes de negocios y muy pocos hablan japonés.

Por . . . *on the other hand*

—A pesar de que° los países árabes producen un gran porcentaje del petróleo que usamos en este país, muy pocas universidades enseñan árabe, y muy pocos estudiantes aprenden este idioma.

A pesar . . . *in spite of the fact that*

—Al sur del río Bravo[1] hay 300 millones de personas que hablan español o portugués, y constituyen uno de los mercados más importantes para los productos de este país.

¿Para qué aprender otro idioma? Hay dos razones importantes para hacerlo. La primera es que el hablar otra lengua nos abre las puertas a otra cultura, a otro mundo, a otras gentes. Cuando aprendemos las distintas maneras° de vivir en el mundo, vemos que no estamos solos, y que nuestra manera de ser es una entre muchas igualmente válidas. Estudiar otra lengua nos ayuda a comprender mejor el mundo que nos rodea° y a comprendernos a nosotros mismos.

ways

que . . . *that surrounds us*

Hay una segunda razón, menos idealista y más práctica. El mundo es un gran mercado comercial y nuestra capacidad de comunicarnos nos permite exportar más mercancía° a distintos países. Por esta razón, las grandes compañías transnacionales en los últimos años han preferido contratar° a personas que dominan dos o más idiomas, pues así tienen una ventaja en la competición del mercado mundial.

merchandise

hire

Una tercera razón es la seguridad° nacional. En algunas ocasiones la falta° de conocimiento de la lengua y cultura ha ocasionado que líderes de nuestro gobierno hayan cometido graves errores diplomáticos. Estudiar un idioma, entonces, nos ayuda incluso a fomentar la paz mundial.

security

lack

Ampliación de palabras

1. **Río Bravo.** El río que separa a Estados Unidos y México en el estado de Tejas tiene dos nombres diferentes: se llama Río Bravo en México y Río Grande en Estados Unidos.

Comprensión

¿Son ciertas o falsas estas frases, según el autor del artículo? Si la frase es falsa, explica por qué.

1. Hay más interés en aprender otros idiomas en Estados Unidos que en otros países.

2. Los norteamericanos pierden oportunidades económicas por no comprender otros idiomas.
3. El español es un idioma importante para los comerciantes.
4. La única razón para aprender otro idioma es mejorar la economía de Estados Unidos.
5. Los intérpretes profesionales permiten que los líderes tomen siempre buenas decisiones en la política internacional.

Y tú, ¿qué piensas?

1. ¿Piensas mucho antes de hablar en español? ¿Crees que es importante hablar correctamente todo el tiempo? ¿En qué situaciones es más importante? ¿Cómo reaccionas cuando una persona de otro país trata de *(tries to)* hablar contigo en inglés?
2. ¿Es posible aprender a hablar un segundo idioma perfectamente? ¿Conoces a alguien que lo haya hecho? ¿Conoces a alguien que haya vivido muchos años en Estados Unidos y todavía no hable bien el inglés?
3. ¿Crees que los estadounidenses tienen tanto interés en aprender otras lenguas como los habitantes de otros países? ¿Cuáles son las razones?

Actividad

¿Qué crees tú? *¿Son ciertas o falsas las siguientes aseveraciones* (statements)*? Pregunta a cinco personas de la clase qué creen, y por qué. Luego comparte* (share) *los resultados con la clase.*

1. Toda la gente que vive en Estados Unidos debe aprender a hablar inglés.
2. Un país necesita un idioma común. Es desastroso tener dos o más.
3. El inglés debe ser la lengua común de todo el mundo, sobre todo en los negocios.
4. Los idiomas deben mantenerse puros y no aceptar palabras de otros idiomas.
5. Algunos dialectos son más correctos que otros.

MAS ALLA

Entre dos mundos

En el mundo hispano existen muchos idiomas además del castellano°. En España, por ejemplo, se hablan diferentes lenguas en las distintas regiones, como el catalán, el gallego y el vasco. En Hispanoamérica se

español

hablan muchos idiomas indios, como el quiché, el náhuatl, el quichua, el aymará y el guaraní. En los países hispanos viven también muchos extranjeros° que hablan español como segundo idioma.

gente de otros países

Los hispanos están acostumbrados° a oír muchos acentos diferentes del español y son muy tolerantes con los errores de los extranjeros. Algunas investigaciones científicas revelan que los hispanos prestan mucha más atención° a las ideas expresadas que a los errores gramaticales. Por eso, cuando estés hablando con un hispano, no debes preocuparte de si tu gramática no es perfecta o si tienes un poco de acento extranjero. Lo importante es que no tengas miedo de hablar, pues la mayoría de las personas van a tratar de ayudarte para que puedas comunicarte mejor.

used to

prestan. . . *pay much more attention*

Palabras, palabras, palabras

A. *¿De qué otra manera pueden expresarse las palabras en bastardilla?*

1. *¿Cuántos años tienes?*
2. *¿Cómo te llamas?*
3. ¿Qué haces *cuando no tienes que estudiar?*
4. *¿Qué dijiste?*
5. ¿Qué *significa* «bachillerato»?
6. Mi madre es *comerciante.*

B. *Termina la frase con una palabra apropiada.*

1. Mi tío vivió muchos años en Madrid, y por eso __________ el español.
2. Un hombre que no está casado es __________.
3. El esposo de la __________ murió el año pasado en un accidente.
4. Los novios, que van a casarse en junio, están __________.
5. Mi __________ favorito es leer novelas.

C. *Escoge la respuesta más apropiada de la lista a la derecha.*

1. Mi abuela domina seis idiomas.
2. ¿En qué trabaja tu primo?
3. ¿Qué significa la palabra «idioma»?
4. Tengo doce hermanos.
5. ¿Es soltera tu hermana?
6. ¿Cuál es tu especialidad?
7. ¿Cuál es tu apellido?
8. ¿Qué te gusta hacer?

a. Rivera.
b. Mi pasatiempo favorito es ir al cine.
c. ¿De veras?
d. Es estudiante.
e. Es lo mismo que una lengua.
f. ¡Vaya!
g. Sí, porque está divorciada.
h. No sé todavía.

Para expresarse

Vamos a conocer al profesor (a la profesora). *¡Los estudiantes también quieren conocer mejor al profesor! En grupos de tres o cuatro, preparen una lista de preguntas para hacérselas al profesor o a la profesora. Pueden usar como modelo las preguntas de la página 4, haciendo los cambios necesarios. (¿Usan ustedes **tú** o **usted** con el profesor (la profesora)?) Luego, por turno, cada grupo le hará una pregunta. Al final, cada estudiante preparará un resumen de lo que ha dicho el profesor (la profesora).*

Diario

A medida que progreses en este libro debes ir escribiendo un diario que añadirás al final de cada capítulo. Al aprender una lengua extranjera es importante adquirir los medios *(tools)* para hablar de los temas que son de mayor importancia personal para ti. El uso del vocabulario y de las frases presentadas en el texto te ayudarán a practicar y recordar las palabras que necesitas para expresarte.

La clase también podrá usar esta sección para un «intercambio» de cartas. Cada estudiante escribirá una carta a un(a) compañero(-a) de clase sobre los temas sugeridos. La persona que recibe cada carta la leerá dentro o fuera *(in or out)* de clase y la contestará oralmente o por escrito.

Tu primera anotación deberá proveer *(provide)* la mayor información posible sobre ti mismo(-a): edad, especialidad, intereses y actividades. También podrías incluir información sobre tu familia, tus mejores amigos, tus compañeros(-as) de clase y tu profesor(a).

Mi diario

CAPITULO 2

Gente de todo tipo

- **Cómo describirnos físicamente**
- **Maneras de describir nuestra personalidad**

I. ¿COMO SE DICE?

Cómo describirnos físicamente

Cuando conocemos a una persona, lo primero que nos llama la atención *(that we notice)* son sus características externas. Nos fijamos ante todo si la persona es alta o baja, guapa o fea, si está bien vestida *(well-dressed)* o no. Nuestra primera impresión de alguien muchas veces se basa en estos detalles, aunque no es bueno quedarnos en lo meramente externo y superficial.

Preguntas que podemos hacer

Respuestas posibles

Más preguntas

- ¿Cómo eres?
- ¿A quién te pareces?
  ¿A tu mamá o a tu papá?

Más respuestas

- Soy . . .
- Me parezco a mi mamá.

VOCABULARIO ACTIVO

parecerse	*to resemble*
(el) carácter	el temperamento
(los) demás	*other people*
(el) pelo liso (lacio)	*straight hair*
(el) pelo rizado (ondulado)	*wavy or curly hair*
calvo(-a)	sin pelo
canoso(-a)	con pelo blanco
fuerte	*strong*
guapo(-a)[1]	atractivo(-a)
maduro(-a)	ni joven ni viejo

Ampliación de palabras

1. **Guapo(-a).** Hay ciertas palabras que se usan para describir a una mujer atractiva y otras para un hombre. Una mujer es **bella, hermosa, bonita** y **guapa** (o **guapísima**). Un hombre es **guapo, apuesto** o **bien parecido. Corriente** es una palabra que describe una persona normal—no muy atractiva pero tampoco fea u ordinaria *(plain).* Todas estas palabras **(corriente, feo, ordinario)** se usan igualmente para hombres y mujeres.

Actividad

Las primeras impresiones son importantes. *¿Cuál es la primera impresión que los demás tienen de ti?*

1. Soy . . . bajo(-a) / mediano(-a) / alto(-a)
2. Soy . . . joven / de cierta edad / viejo(-a) / maduro(-a) / mayor
3. Mis ojos son . . . negros / café claros / verdes / grises / azules / castaños
4. Mi pelo es . . . corto / largo / ondulado (rizado) / liso
5. Soy . . . moreno(-a) / pelirrojo(-a) / rubio(-a) / canoso(-a) / calvo(-a)

PARA PENSAR

VOCABULARIO ACTIVO

atraer	*to attract*
darse cuenta (de)	*to realize*
llamarle la atención a uno	*to notice*
(la) amistad	*friendship*
(el) cabello	pelo
(la) cualidad	
(el) defecto	
alegre	*cheerful, lively*
delgado(-a)	lo contrario de gordo(-a)
mayor	*older*
oscuro(-a)	*dark*
trabajador(a)	persona que trabaja mucho

Gabriela **María del Carmen**

La siguiente entrevista a dos de los cuatro hijos del presidente Rodrigo Borja Cevallos apareció en la revista ecuatoriana ***Hogar.***

¿Cómo son las hijas del presidente del Ecuador?

Gabriela Borja Calisto

Es muy parecida físicamente a su padre. Tiene diecinueve años, es la mayor[1] de los cuatro hermanos y estudia diseño° gráfico. Sus aficiones° son la fotografía y el diseño. Es alta, como su madre, delgada, de ojos oscuros pero muy vivaces°, cabello largo, más bien lacio, y de temperamento alegre.

design/hobbies

lively

—¿Cuál es el concepto que tienes de tu padre?

—Es un hombre muy trabajador, un luchador° constante y un amante° de la paz, de la justicia y de su pueblo[2]. En el hogar° es tranquilo.

fighter

lover/**casa**

—¿Cuáles son tus pasatiempos?

—El deporte, dibujar°, leer novelas.

to draw

No me gusta la televisión y no tengo tiempo para verla, por los estudios.

—¿Cuál es tu tema de conversación preferido?

—De todo. Con mis amigas hablo de los chicos, el amor, etcétera. De los problemas, con mi mamá.

María del Carmen

Esta chica de diecisiete años nos llamó la atención por su clara inteligencia. Nos sonríe° siempre, con mucha dulzura°, y es poseedora de unos hermosos ojos cafés que armonizan con las cejas espesas° y un pelo largo y rizado.

She smiles/ sweetness

cejas . . . *thick eyebrows*

—¿Qué recuerdos° tienes de tu padre?

memories

—Mi papá fue siempre superinteligente, capaz°. Siempre que he tenido alguna duda en los estudios le he consultado y jamás se ha equivocado°. Hablo mucho de cultura y política con él.

capable

jamás . . . *he's never been wrong*

—¿Qué tipo de chico prefieres en tus amistades[3] o afectos?

—El que me atrae físicamente, aunque después me doy cuenta que es muy importante ir conociendo sus defectos y cualidades.

—¿Qué haces en tus ratos libres?

—Me encierro en mi cuarto a leer, oír música, hago deporte. También me encanta hablar por teléfono pues soy muy amiguera[4].

Ampliación de palabras

1. **Mayor.** Gabriela tiene diecinueve años y María del Carmen tiene diecisiete. Entonces, Gabriela es **mayor** que su hermana. Gabriela es también **la mayor** de los cuatro hermanos. ¿Cuál es la diferencia entre **mayor** y **el (la) mayor**?

2. **Pueblo. Pueblo** en este contexto quiere decir «su gente», o sea, el país del Ecuador.
3. **Amistad. Enamorado(-a)** implica una relación más seria que **amistad, amigo(-a). Novio(-a)** se usa cuando hay una relación estable, continua. Cuando una pareja decide casarse se convierten en **comprometidos.**
4. **Amiguera.** Una persona a quien le gustan mucho las fiestas es **fiestera.** ¿Qué crees que quiere decir **amiguera**?

Comprensión

1. ¿A quién se parece Gabriela? ¿Cómo es María del Carmen?
2. ¿Cuántos hijos tiene el presidente Borja?
3. ¿Cuáles son los pasatiempos de Gabriela? ¿De María del Carmen?
4. ¿En qué se distingue la relación que tienen las chicas con su madre y con su padre?
5. ¿Qué tipo de chico le gusta a María del Carmen?

Y tú, ¿qué piensas?

1. ¿Con quién prefieres hablar de los problemas? ¿Con tu madre? ¿Tu padre? ¿Algún amigo? ¿Por qué?
2. ¿Te gustaría tener un padre famoso? ¿Por qué sí o por qué no?
3. ¿Qué piensas de la actitud de María del Carmen hacia los chicos?
4. ¿Qué tipo de persona te atrae inmediatamente? ¿Qué atributos físicos son importantes?

Actividades

A. **A ver, ¿quién puede ser?** *Describe a uno de tus compañeros de clase para que los demás traten de adivinar* (to guess) *quién es.*

B. **Gente conocida.** *En grupos de tres, hagan listas de los adjetivos que pueden asociarse con las siguientes personas famosas. Traten de incluir todos los adjetivos posibles. Luego pasen los nombres de otras dos personas famosas a otro grupo para que los describan.*

Larry Bird / la Princesa Diana / Jane Fonda / Whoopie Goldberg / Jesse Jackson / Madonna / el presidente de Estados Unidos / Barbra Streisand

II. ¿COMO SE DICE?

Maneras de describir nuestra personalidad

Cuando tenemos que describirnos o describir a los demás no nos limitamos sólamente a características externas, sino que además describimos rasgos de nuestra personalidad.

VOCABULARIO ACTIVO

agresivo(-a)	
ambicioso(-a)	
antipático(-a)[1]	
bondadoso(-a)	*good-hearted*
cariñoso(-a)	*affectionate*
cómico(-a)	
comprensivo(-a)	*understanding*

creativo(-a)	
emotivo(-a)	*emotional*
estudioso(-a)	
extrovertido(-a)[1]	
lógico(-a)	
optimista	
paciente	
perezoso(-a)[1]	*lazy*
pesimista	
seguro(-a) de sí mismo(-a)	*self-confident*
simpático(-a)[1]	
serio(-a)	
tacaño(-a)[1]	
tímido(-a)[1]	
voluntarioso(-a)	*willful, strong-willed*
de verdad	*really*
Es buena gente.	*He (She) is a good person.*
Es una magnífica persona.	
No es nada (adjetivo) . . .	*He (She) isn't at all . . .*

Ampliación de palabras

1. **Antipático(-a), extrovertido(-a), perezoso(-a), tímido(-a), trabajador(-a). Antipático** es lo contario de **simpático; trabajador** es lo contrario de **perezoso; tímido** es lo contrario de **extrovertido; tacaño** es lo contrario de **generoso.** ¿Hay otros pares de palabras contrarias en la lista?

Actividades

A. ¿Cómo eres? *Escoge los cinco adjetivos de la lista que te describen* mejor *y los cinco adjetivos que* peor *te describen.*

MODELO **Soy lógica, optimista, extrovertida, cariñosa y voluntariosa. No soy nada tímida, paciente, pesimista, perezosa ni tacaña.**

Luego pregúntale a un compañero o a una compañera de clase: ¿Cómo eres? ¿Cómo no *eres?*

B. Los seres queridos. *Escoge los cinco adjetivos que mejor describen a tus padres, a tu mejor amigo o amiga, a tu novio o novia o al pre-*

sidente, y los cinco adjetivos que no los describen. Puedes añadir cualquier otro adjetivo que sea necesario.

C. **Describe la foto.** *Trae a la clase una foto de un amigo o de algún pariente. Describe los atributos físicos y el carácter de esa persona a tus compañeros.*

MODELO **Mi padre es bajo, un poco calvo y de ojos cafés. Creo que tiene cuarenta y seis años. Es muy paciente y cariñoso con nosotros. No es nada perezoso y le gusta leer y ver deportes en la tele.**

PARA PENSAR

VOCABULARIO ACTIVO

(el/la) amante	*lover*
(el) punto de vista	*point of view*
celoso	*jealous* (en el amor)
fiel	*faithful*
egoísta[1]	*selfish*
sensible	*sensitive*
soñador(a)[1]	*dreamy*
suave	*soft, gentle*

*El siguiente artículo fue publicado en **Temas,** una revista hispanoamericana.*

Influencia de los colores

Los colores predilectos° dicen mucho sobre el temperamento de las personas. Hay quienes prefieren cierto color, el cual usan frecuentemente en sus prendas de vestir° y hasta en el decorado de la casa. Los colores tienen su significado°, que es el siguiente:

ROJO: Color del fuego, de la sangre. Las personas que prefieren este color son alegres, decididas°. Les encanta asistir a fiestas y prefieren vivir en las grandes ciudades. Desde el punto de vista emocional son muy sensibles. Entre sus aspectos negativos se cuentan la irritabilidad y el egoísmo[1]. Como amantes son en extremo apasionadas.

VERDE: Color de las praderas°, de las esmeraldas. Las personas que prefieren este color poseen gran imaginación, son de tendencias románticas, dadas a soñar[1]. No por esto dejan de ser° prácticas. Entre sus características negativas pueden citarse sus impulsos irrazonables y su tendencia al lujo° y las extravagancias. Son buenos amantes.

AMARILLO: Es el color del ámbar, del oro, del sol. Las personas que prefieren este color son de temperamento alegre, dadas a gastar° en lujos y vanidades. Entre sus características negativas están la desconfianza° y la falta° de sinceridad hacia los demás. En el amor son cariñosas pero muy celosas.

favoritos

prendas . . . ropa

meaning

decisive

meadows

No . . . *They do not fail to be*

luxury

dadas . . . *given to spending*

mistrust/lack

AZUL: Color del cielo. Las personas que prefieren este color, son persistentes en sus empeños° (*endeavors*), soñadoras, de temperamento tranquilo y amantes de todo cuanto° (**de . . .** *of everything that*) represente libertad. En el aspecto negativo tienen en contra que suelen ser bastante egoístas[1]. Son honestas en el amor.

VIOLETA: Es el color del amanecer. Las personas que lo prefieren son muy idealistas, amigas de la paz y todo lo bello. Son suaves y simpáticas en el trato. En el aspecto negativo, se dejan vencer° (**se . . .** *are overcome*) por la timidez[1] muchas veces. Su vida está regida° (*ruled*) por el Amor y son fieles amantes.

Ampliación de palabras

1. **Soñador, egoísmo, timidez.** Existen muchos pares de verbo / adjetivo como **trabajar / trabajador, soñar / soñador,** y también muchos pares de adjetivo / sustantivo como **tímido / timidez, egoísta / egoísmo, viejo / vejez.**

Comprensión

¿Cuál es la información que se da sobre cada uno de los colores arriba mencionados? Elimina los puntos que no se mencionan en cada uno de los párrafos, y ordena los demás de acuerdo con el orden en que aparecen en la lectura (reading).

____ Personalidad de la gente a quien le gusta el color
____ Aspecto físico de la gente a quien le gusta el color
____ Comportamiento amoroso de las personas a quienes les gusta el color
____ Objetos o cosas asociados con el color
____ Forma de gastar el dinero de la gente a quien le gusta el color
____ Aspectos negativos de la personalidad de la gente a quien le gusta el color

Y tú, ¿qué piensas?

1. ¿Cuál es tu color favorito? Según el artículo, ¿cuáles son las características de una persona a quien le gusta ese color? ¿Cuáles son sus aspectos negativos? ¿Cómo son en el amor (fieles, apasionados)? ¿Te describe correctamente el artículo?
2. ¿Crees que los colores pueden revelar características del temperamento? Si a uno le gusta el negro más que otro color, ¿qué tipo de persona crees que es?

Actividades

A. **¿Qué color te gusta más?** *En grupos de tres o cuatro pregunten a cada uno de sus compañeros cuál es su color favorito. Cada uno debe explicar por qué la descripción que se ofrece en el artículo es acertada (es verdad) o no.*

B. **Los colores preferidos.** *Pregúntale a un miembro de tu familia o a un amigo íntimo cuál es su color favorito. Al día siguiente explica a la clase o a tu grupo en qué aspectos la descripción dada en el artículo describe adecuadamente a esa persona y en qué aspectos está equivocada (no es verdad).*

PARA PENSAR

VOCABULARIO ACTIVO

(el) ama de casa	mujer que trabaja en la casa
(el) actor, (la) actriz	
(el/la) artista	*performer*
(el/la) cantante	*singer*
(la) carrera	*career, course of study*
(el/la) deportista	atleta
leyes	*law*
(el/la) médico(-a)	*doctor*
(el/la) músico(-a)	
(el/la) político(-a)	
(el/la) profesor(a)[2]	
(el/la) técnico(-a)	
conocido(-a)	famoso(-a)

Así soy yo

Antes de leer las descripciones de las personas que ves en las fotos, trata de dar una descripción lo más completa posible de cada una. Puedes comenzar con las características más obvias, y luego tratar de imaginar cómo son, de dónde son, cuál es su profesión, y cómo es su temperamento, basándote en tus impresiones de las fotos.

1 

 2

3 

 4

1. **Silvia Vasconcelos**, californiana de origen mexicano, ingeniera aerospacial. Treinta y cinco años de edad. Soltera, porque «así me gusta»; vive con un hermano y una hermana. Dice que es común para los hispanos el no separarse de la familia hasta que se casan. Proyecta una personalidad muy fuerte. Tiene bajo su supervisión a veinte técnicos.

2. **Gabriel García Márquez**, colombiano, novelista. Nació en 1926, y ganó el Premio Nóbel de literatura en 1982. Es uno de los escritores más importantes del mundo. Ha escrito muchos cuentos° y varias novelas. Su novela *Cien años de soledad* ha sido traducida° a más de cuarenta idiomas. Vive actualmente en México, aunque viaja a todas partes del mundo.

stories
translated

3. **Tito Puente**, neoyorquino, músico y director de orquesta. Es uno de los músicos más conocidos de la música del Caribe. Comenzó sus estudios en la New York School of Music a los siete años de edad. Lleva grabados° 98 discos (el último se llama *Un poco loco*,) y ha dado conciertos en todo el mundo, desde Europa hasta Japón. Ha sido propuesto varias veces para el Grammy y ha ganado ese premio en tres ocasiones.

Lleva . . . *He has recorded*

4. **Anám Munar**, neoyorquina, de padres españoles, pianista, compositora, directora de orquesta, cantante y actriz. Ha grabado discos y ha dado conciertos en Carnegie Hall y Lincoln Center. «Soy una persona muy dedicada. Cuando me gusta lo que hago logro un rendimiento increíble°. Para que tengas una idea te diré que cuando me fui a vivir a Miami hacía todo lo que mi profesión (como artista) me exigía°, todo eso que a ti te parece mucho, y además, como me gusta estudiar terminé mi carrera de leyes; ahora soy también abogada.»

logro . . . *I achieve a great deal*
demanded

Ampliación de palabras

1. **Deportista.** ¿Conoces alguna palabra relacionada con **deportista**? Otros pares semejantes son: **arte / artista, béisbol / beisbolista, fútbol / futbolista, golf / golfista.**
2. **Profesor(a).** Hay una diferencia entre **profesor** y **maestro.** Los maestros enseñan a los niños, y los **profesores** a los adultos. Si uno tiene el doctorado, también es profesor, pero además es **catedrático.** ¿Tienes algún pariente que sea catedrático?

Comprensión

1. ¿Cuál es la nacionalidad de cada una de las personas descritas? ¿Cuál es su profesión (sus profesiones)? ¿Cuáles de ellos son artistas? ¿Cuáles de ellos tienen fama mundial?
2. ¿Por qué se hizo abogada Anám Munar?
3. ¿Por qué no se ha casado Silvia Vasconcelos? ¿Por qué vive con sus hermanos?
4. ¿Qué honores ha recibido Tito Puente? ¿Gabriel García Márquez?

Y tú, ¿qué piensas?

1. «Las apariencias engañan.» ¿Qué significa este refrán *(saying)*? ¿Crees que es cierto? ¿Has tenido este tipo de experiencia? ¿Qué piensa la gente de ti que no sea cierto?

¡Qué chiquita sos! ¡Qué pequeña eres!
sacar una conclusión *to draw a conclusion*

2. Haz una lista de los adjetivos en que pensaste para describir a las personas de las fotos basándote simplemente en su apariencia. Compara tu reacción inicial con las descripciones de cada uno. ¿En que tenías razón? ¿En qué te equivocaste *(What were you wrong about)*? ¿Qué influyó en tu primera impresión de estas personas?
3. Haz una lista de adjetivos que describan apropiadamente a las personas de las fotos. ¿A cuál de ellos te gustaría conocer personalmente? ¿Por qué? ¿A quién no te gustaría conocer? ¿Por qué no?
4. Algunas veces no queremos conocer a una persona. Creemos que no nos va a caer bien *(that we won't like him or her)* porque no nos gusta su apariencia. Sin embargo, cuando conocemos mejor a la persona, cambiamos de opinión. ¿Has tenido alguna experiencia de este tipo?

Actividad

¿Quién soy yo? *En hojas de papel, escribe nombres de cantantes, actores, políticos(-as), atletas y personajes de libros, películas o tiras cómicas* (comic strips). *El profesor (la profesora) recogerá todos los papeles y pegará uno a la espalda de cada estudiante. Paseándote por la clase, trata de identificar tu «nombre» haciendo preguntas en español. Todas las preguntas deben poder contestarse con las palabras* ***sí*** *o* ***no.*** *Se ofrecen algunas preguntas a continuación. Antes de comenzar la actividad, la clase podría escribir otras preguntas posibles.*

¿Soy hombre (mujer)? ¿Estoy muerto(-a)? ¿Soy cantante / actor / actriz / autor / político(-a)? ¿Soy norteamericano(-a)? ¿Soy un personaje ficticio?

MAS ALLA

Entre dos mundos

Hay dos aspectos de las reuniones sociales en Estados Unidos que no se dan en el mundo hispano. El primero es que en Estados Unidos parece que hay una serie de «normas» no escritas que deben seguirse en esas reuniones, como presentarse uno(-a) mismo(-a)°, presentar a tu acompañante, hacer preguntas sobre la profesión de las personas con las que

presentarse . . . *introducing oneself*

hablas, tratar de conversar con el mayor número de gente posible, etcétera. La norma de siempre presentarse uno mismo antes de empezar una conversación les parece muy graciosa° a los hispanos. *funny*

El segundo aspecto, que les resulta muy sorprendente a los hispanos, es la facilidad° con que los norteamericanos hablan de sus asuntos personales con gente prácticamente desconocida°. En el mundo hispano, los temas de conversación son menos personales, como la política, los problemas del país, el fútbol, el cine. En general, el hispano tiene más reservas (**pudor** es la palabra exacta) para abrirse inmediatamente a los demás. Solamente cuando dos personas se conocen muy bien hablan de sus problemas personales más íntimos.

ease
unknown

Palabras, palabras, palabras

A. *Termina la oración con la palabra apropiada.*

1. Una persona que trabaja mucho no es __________.
2. Un hombre de cuarenta y cinco años ya no es joven, es __________.
3. No soy ni alta, ni baja; soy __________.
4. Mi abuelo ya no tiene mucho pelo; es __________.
5. Lo contrario de antipático es __________.
6. La Sra. de Neira es __________ de casa porque tiene dos niños pequeños, pero antes trabajaba de profesora.
7. Según mi punto de __________, el fútbol es más aburrido que el béisbol.
8. Lo que más me llamó la __________ cuando la conocí fueron sus ojos verdes y alegres.

B. *¿De qué otra manera pueden expresarse las palabras en bastardilla?*

1. Ricardo *es igualito* a su padre.
2. Lucía tiene ojos *muy oscuros.*
3. Juan Manuel tiene *pelo rizado.*
4. Fernando Valenzuela es *atleta.*
5. No me importa lo que digan *otras personas.*
6. Mi mejor amiga tiene un *temperamento* alegre.
7. Rubén Blades es un hombre *guapo* y talentoso.
8. Gabriel García Márquez es un autor muy *conocido.*

C. *Elimina la palabra que no corresponde al grupo.*

1. agresivo, ambicioso, tímido, extrovertido
2. tacaño, apuesto, guapo, atractivo
3. cariñoso, bondadoso, comprensivo, celoso
4. músico, político, soñador, técnico

Para expresarse

Firma, por favor. *El objetivo de esta actividad consiste en descubrir cuál de tus compañeros se ajusta a* (fits) *las descripciones que se indican abajo, de modo que puedan llegar a conocerse mejor. Paseándote por la clase, haz preguntas en español que te permitan encontrar la información necesaria. (Por ejemplo:* ***¿Cuántos años tienes? ¿Cuántos hermanos tienes?****) Cuando encuentres a alguien a quien le corresponda una de las frases, pídele a esa persona que firme* (sign) *su nombre en el espacio en blanco. Trata de encontrar tantos nombres como te sea posible para cada frase, pero sin firmar tu propio nombre. Y no te olvides de hacer algunas preguntas a tu profesor(a) también.*

¿. . .? es de la misma edad que yo. ______________________________

____

¿. . .? ha visitado un país extranjero (por ejemplo Francia, España, Grecia, la Unión Soviética). ______________________________

____

¿. . .? tiene un(-a) amigo(-a) hispano(-a). ______________________________

____

¿. . .? habla otro idioma además del español y del inglés (por ejemplo el chino, el holandés, el francés.) ______________________________

____

¿. . .? tiene más de tres hermanos. ______________________________

____

¿. . .? conoce a una persona famosa. ______________________________

____

A ¿. . .? y a mí nos gusta el mismo cantante. ______________________________

____

¿. . .? es de origen hispano. ______________________________

____

¿. . .? toca un instrumento musical (el piano, el violín, la guitarra).

____

A ¿. . .? no le gusta el chocolate. ______________________________

¿. . .? dice que no es nada tímido(-a).

¿. . .? está casado(-a).

Diario

En tu diario, escribe algunos párrafos describiendo tus características físicas y tu personalidad. Luego describe de la misma manera a tus amigos y a los miembros de tu familia. ¿A quién te pareces más en tu familia, físicamente y en tu personalidad? ¿A quién te pareces menos? ¿Por qué?

Mi diario

CAPITULO 3

La comida: platos y costumbres

- Cómo expresar tus preferencias
- En un restaurante

I. ¿COMO SE DICE?

Cómo expresar tus preferencias

Lo que preferimos comer es un asunto muy personal. Cada cultura tiene sus preferencias, y aun dentro de una cultura los gustos individuales pueden variar mucho.

VOCABULARIO ACTIVO

aborrecer	detestar
adorar	
detestar	
disfrutar	*to enjoy*
encantar	*to delight*
gustar	*to like*
odiar	detestar

(el) almuerzo	comida del mediodía
(el) aperitivo[1]	entremés
(la) cena	comida de la noche
(la) comida	*food, meal*
(el) desayuno	comida de la mañana
(las) espinacas	
(el) gusto	*taste*
(el) helado	*ice cream*
(la) merienda	*snack*
(el) plato	
(el) postre	*dessert*
(el) sabor[2]	*taste*

«Cada uno a su gusto»[3]

Ampliación de palabras

1. **Aperitivo.** Un **aperitivo** es algo que se toma antes de la comida. Puede consistir en algo de beber (generalmente vino, jerez o cerveza) o de comer, o puede combinar las dos cosas.
2. **Gusto, sabor.** Las palabras **gusto** y **sabor** son sinónimos, y se refieren a nuestra percepción de la comida. Las dos se usan comúnmente en el mundo hispano, aunque **sabor** es más coloquial. La palabra **gusto,** por otro lado, tiene un sentido más amplio, y se puede referir a aspectos o actitudes diferentes (no solamente la comida), como su equivalente inglés *(taste).* Por eso, podemos decir que un sombrero es **de mal gusto** o que una persona **tiene buen gusto** para decorar su casa.
3. **«Cada uno a su gusto».** Esta es una expresión muy usada en la conversación diaria. Se emplea cuando nos referimos a personas que actúan de manera diferente de la nuestra; por ejemplo, a un amigo tuyo le gusta comer apio *(celery)* con crema de cacahuete *(peanut butter)* y a ti no. Puedes decir «Yo no comería nunca eso, pero **cada uno a su gusto** . . .»

Actividades

A. Cada uno a su gusto. *De la lista de apéndice 9, ¿qué cosas te gustan más? ¿Qué cosas te gustan menos? ¿Qué cosas no comes nunca? ¿Cuál es tu plato favorito? Hazle estas preguntas a un compañero o a una compañera de clase, y luego al profesor (a la profesora). Luego pueden hacer una lista de los platos preferidos de todos los miembros de la clase. ¿Cuáles de los platos han recibido más votos? ¿cuáles menos?*

B. ¿Otros con sopofobia? *Los niños muchas veces detestan platos que a los padres les parecen deliciosos y nutritivos. Mafalda, la niña precoz de la famosa tira cómica* (comic strip) *argentina, sufre horrores cuando tiene que comer sopa. El tener que comerla es una lucha constante entre la pequeña Mafalda y su madre.*

malcriar *to spoil;* **sopofobia** La palabra **fobia** quiere decir **aversión. Sopofobia** sería **odiar la sopa.**

Refiriéndote a la lista de vocabulario de apéndice 9, termina las siguientes frases.

De niño(-a) no me gustaba comer ____________.
De niño(-a) me gustaba mucho comer ____________.

Luego entrevista a varios compañeros de clase, haciéndoles las siguientes preguntas:

1. ¿Cuáles eran tus platos preferidos cuando eras niño?
2. ¿Qué cosas no te gustaban?
3. ¿Tus padres te obligaban a comer algo que no te gustara? (A Mafalda le obligan a comer sopa aunque no le gusta.)
4. ¿Qué hacías para no tener que comer esas cosas? (¡Algunos niños esconden comida que no les gusta!)

Compara tus respuestas con las de tus compañeros y selecciona las tres o cuatro formas más comunes para evitar comer esos alimentos, y también las más originales.

PARA PENSAR

VOCABULARIO ACTIVO

pedir (i) — *to request, ask for*
probar (ue) — *to taste, try*

(el) alimento — comida
(el) apio — *celery*
(la) carne — *meat*
(la) manzana — *apple*
(el) pastel[1] — *pie, pastry*

asado(-a) — *roasted*
crudo(-a) — *raw*
desconocido(-a) — *unknown*

Comida y cultura

Cada país, cada cultura tiene su forma especial de preparar la comida. Si le preguntamos a un estadounidense cuáles son los platos típicos de este país, posiblemente mencione las hamburguesas, los perros calientes, el pastel de manzana y la carne asada. Si le preguntamos otra vez a un estadounidense cuáles son los platos típicos hispanos, es muy posible que diga que son los tacos, las enchiladas y los burritos. Estos platos son de origen mexicano; sin embargo°, son prácticamente desconocidos en la mayoría de los países hispánicos. Como el mundo hispano está compuesto

sin . . . *nevertheless*

por° tantos países diferentes, es normal que haya una variedad enorme de platos típicos hispanos. Para un ecuatoriano, por ejemplo, comer un taco es tan exótico como lo es para un estadounidense.

compuesto . . . *composed of*

Una de las experiencias más chocantes° para un turista es llegar a un restaurante, pedir un plato desconocido, y enfrentarse con un plato de comida que no se come en su país. A muchos franceses les encanta comer los caracoles° o las ancas de rana°, pero a la mayoría de los estadounidenses no les parece una buena idea comer eso. En Estados Unidos preferimos pensar que no comemos los órganos internos de los animales, aunque nos las sirven molidas° en los perros calientes. Por otra parte, a los hispanos les sorprende mucho que los norteamericanos coman apio o coliflor crudos. Cada país tiene algunos platos que no se comen en otros lugares y la mayor parte de las veces que algún tipo de comida no nos parece atractivo es porque nunca lo hemos probado.

shocking

snails/frogs' legs

ground up

Ampliación de palabras

1. **Pastel.** Hay varias palabras para referirse a los **pasteles** en los distintos países. En España, por ejemplo, se usa la palabra **torta,** pero si está hecha con helado, se llama **tarta.** En el Caribe la gente come **bizcocho,** y llaman **pastel** a un plato hecho de plátano y carne. Y en algunos países hispanos se usa la palabra inglesa *cake.*

Comprensión

1. Indica la idea principal del primer párrafo:
   _____ Algunos platos típicos norteamericanos son las hamburguesas, los perros calientes y el pastel de manzana.
   _____ Los hispanos tienen unas ideas muy estereotipadas de la comida estadounidense.
   _____ Muchos norteamericanos creen que toda la comida hispana es como la comida mexicana. En realidad, es una comida muy variada.
   _____ Los ecuatorianos no comen tacos porque éstos son muy exóticos en su país.
2. Indica la idea principal del segundo párrafo:
   _____ En Estados Unidos no se comen los órganos internos de los animales como en otros países.
   _____ Diferentes culturas tienen diferentes valores sobre lo que se debe comer y lo que no se debe comer.
   _____ Los turistas muchas veces no comprenden la carta en un país extranjero.

Y tú, ¿qué piensas?

1. Si tuvieras que explicarle a un extranjero qué se come en Estados Unidos, ¿qué le dirías?
2. ¿Crees que hay mucha variedad en la cocina estadounidense? Nombra algunos platos típicos regionales (por ejemplo: platos típicos del Sur, de Maine, de Boston, del Suroeste, etc.)
3. ¿Qué es lo más interesante que has comido? En España, los calamares *(squid)* y el pulpo *(octupus)* son muy populares. En muchos países de Europa, se aprecia mucho el conejo *(rabbit)*. ¿Has probado alguna vez: calamares, pulpo, conejo, tiburón *(shark)*, ancas de rana? Hagan Uds. una lista de las aventuras gastronómicas de la clase.

Actividad

«Cuando hablan los mayores . . .» *Hay un refrán que dice: «Cuando hablan los mayores, callan los menores.» Quiere decir que los niños no deben hablar cuando hablan los adultos. ¿Había en tu familia reglas parecidas a la hora de comer? ¿Tenían que comer todos juntos? ¿Podían ver la televisión mientras comían? ¿Tenían que probar un poquito de todo? ¿Había reglas sobre cómo vestirse, cómo sentarse, sobre la hora de comer? Cuando comían, ¿podían repetir* (have seconds)*? En grupos, hablen de estas costumbres familiares y luego compárenlas con las de los otros grupos.*

PARA PENSAR

VOCABULARIO ACTIVO

estar a régimen	*to be on a diet*
(el) aceite	*oil*
(el) ajo	*garlic*
(el) arroz	*rice*
(el) azúcar	*sugar*
(la) cebolla	*onion*
(el) cerdo	*pork, pig*
(la) cerveza	*beer*
(la) ensalada	
(los) frijoles[1]	*beans*
(el) huevo	*egg*
(el) jamón	*ham*
(la) lechuga	*lettuce*
(el) pescado	*fish*
(la) pimienta	*black pepper*
(el) pimiento	*green or red pepper*
(el) rabanito	*radish*
(la) receta	*recipe*
(el) queso	*cheese*
(el) ron	*rum*
(el) tomate	
(el) vino (blanco, rosado, tinto)	
picante	*spicy, hot*
sabroso(-a)	delicioso(a)

Este artículo apareció en la revista *Cuba internacional.*

Platos hispanos

En la cultura de cada pueblo hay alimentos que están indudablemente asociados a días especiales del año.

En Cuba, a pesar de algunas diferencias regionales en cuanto al color de los frijoles[1] y la forma de asar la carne de cerdo, son estos alimentos los que, acompañados de arroz, yuca[2] y plátano verde, así como ensalada de lechuga, tomate y rabanitos, suelen consumirse en ocasiones festivas.

La bebida predilecta, además del buen ron, es la cerveza, aunque no faltan quienes prefieren el vino, especialmente el tinto. Hay también una gran variedad de postres entre los que se incluyen frutas en almíbar° acompañadas de queso fresco y pasteles.

syrup

Platos de Cuba: pierna de cerdo enrollada y frijoles negros

PIERNA DE CERDO ENROLLADA

1 pierna de cerdo de aproximadamente 5 kilogramos
½ kilogramo de jamón
2 cebollas
½ kilogramo de ciruelas pasas, sin las semillas
15 clavos de olor
1 cucharada de sal
⅓ kilogramo de azúcar parda
1 litro de vino tinto

Limpie la pierna quitándole la piel y la grasa. Haga un corte a todo lo largo llevando el cuchillo hasta el hueso y desprenda este último totalmente para que la carne quede limpia y libre de grasa, piel y hueso. Si es necesario, dele dos o tres cortes a la carne para que resulte plana y luego coloque encima de ella el jamón, las pasas, los clavos y la mitad de la sal.

Enrolle la pierna y amárrela bien con varios pedazos de cordel. Mezcle el resto de la sal con el azúcar y cubra con esto el rollo de carne. Colóquelo en una tartera de horno. Poco a poco, mientras se hornea en horno lento (325°F), rocíe la carne con el vino hasta que se vea cocinada al pincharla. (Esto se sabe por el color de la carne, que no debe estar rosada, y porque no suelta jugo al pincharla). Sírvala fría o caliente. Da 15 raciones.

FRIJOLES NEGROS O COLORADOS

1 kilogramo de frijoles negros o colorados
¼ kilogramo de aceite de oliva
½ kilogramo de cebolla
1 cabeza de ajo
1 lata de pimientos rojos en conserva
4 pimientos verdes, no picantes
1½ cucharada de sal
¼ cucharadita de pimienta molida
½ cucharadita de comino
½ cucharadita de orégano
5 cucharadas de azúcar
½ taza de vino tinto

Lave bien los frijoles y remójelos por lo menos un par de horas en agua suficiente para cubrirlos cuando no son muy tiernos. Cocínelos en esa misma agua con un pimiento verde hasta que se ablanden. En la mitad del aceite sofría las cebollas, los ajos y el resto de los pimientos verdes muy picaditos. Añádale los pimientos rojos, también picaditos. Eche en la sartén un cucharón de frijoles y aplástelos un poco. Luego viértalo todo en la cazuela con el resto de los frijoles. Eche todos los demás condimentos, menos el resto del aceite y el vino. Déjelo hervir lentamente durante media hora o más. Añada el resto del aceite y el vino cinco o diez minutos antes de servirlos. Da 15 raciones. / NITZA VILLAPOL.

pasas *raisins* **comino** *cumin*

Más platos hispanos: sopa de ajo, el ceviche y el mole

La sopa de ajo es un plato popular en varios países hispánicos. ¿Comemos sopa de ajo en Estados Unidos? ¿Te parece un plato extraño? Hay que recordar que lo que nos parece normal, y lo que nos parece extraño, depende de nuestra experiencia. No nos parece extraña la sopa de cebolla. ¡Cada uno a su gusto! **Ingredientes:** *2 o 3 dientes de ajo, 2 cucharadas de aceite de oliva, ½ litro de agua, 1 cucharadita de sal, 2 rebanadas° de pan, 1 huevo.* — *slices*

El ceviche es uno de los platos típicos de los países de la costa del Pacífico. Cada país tiene su receta especial, pero todos los ceviches tienen una cosa en común: están hechos a base de pescado crudo y limón. El ácido del limón cuece° el pescado. **Ingredientes típicos:** *1 libra de pescado blanco, el jugo de 6 limones, 1 cebolla picada°, ají (chiles picantes), sal, tomate y cilantro*[3]. — *cooks*; *minced*

El mole poblano es una salsa para pavo o pollo que se sirve en México. **Los ingredientes básicos son:** *sal, chiles, caldo de pollo, almendras°, cebollas, tomates, ciruelas pasas, ajo, canela, chocolate, pimienta, sal.* — *almonds*

Ampliación de palabras

1. **Frijoles.** En Hispanoamérica la comida diaria casi siempre incluye arroz y **frijoles.** Hay **frijoles** de muchos tipos y colores, y cada país prefiere un tipo en particular, por lo que tienen nombres diferentes: **judías,** en España; **frijoles,** en Cuba y México; **habichuelas,** en Puerto Rico; **caraotas,** en Venezuela; y en la mayoría de los países andinos se les llama **porotos.** Sin embargo, la palabra **frijoles** se entiende en todas partes.
2. **Yuca.** La comida depende de los productos de cada región, y en el mundo hispano se cultivan muchos tipos de tubérculos *(root vegetables)* parecidos a las papas. Algunos, como la batata *(sweet potato),*

son comunes en Estados Unidos, y otros, como la **yuca,** casi se desconocen. Estos vegetales son muy sabrosos y muy alimenticios y se usan en muchísimos platos típicos.

3. **Cilantro.** Uno de los condimentos más usados en la comida hispanoamericana es el **cilantro** o **culantro** *(coriander).* En Estados Unidos usamos las semillas *(seeds),* pero en el mundo hispano se usan las hojas, y éstas le dan un sabor muy especial a la comida.

Comprensión

1. ¿Qué platos se comen en Cuba en los días especiales?
2. Según la lectura, ¿qué prefieren beber los cubanos con las comidas especiales?
3. ¿Qué platos acompañan la carne de cerdo y los frijoles negros en una comida festiva cubana?
4. ¿Qué ingredientes son frecuentes en las recetas?
5. Si la cuchara es lo que se usa para comer sopa, ¿qué crees que significa **cucharada** y **cucharadita** en las recetas?

Y tú, ¿qué piensas?

1. De todos los platos hispanos mencionados, ¿cuáles probarías? ¿Cuáles no? ¿Por qué no?
2. ¿Has probado comida hispana? ¿Qué platos han probado los miembros de la clase? ¿Les gustaron?
3. ¿Qué come tu familia en los días festivos? ¿Hay platos especiales para la Navidad o la Janucá, por ejemplo? ¿Qué otras fiestas celebran los miembros de tu familia? ¿Qué comen? ¿Qué beben? Hagan ustedes una lista de los días festivos que se celebran y lo que se come.

Actividades

A. **¿Qué van a servir?** *En parejas, preparen el menú para cada una de las siguientes ocasiones: 1) una fiesta especial (como Acción de Gracias (*Thanksgiving*)); 2) una cena para impresionar a los padres de tu novio o novia; 3) una cena con tu familia; 4) una fiesta grande con mucha gente (por ejemplo, tu equipo deportivo, la banda universitaria o el club de español). Tienen que pensar en todas las cosas necesarias para la cena: bebidas, aperitivos, entrada, plato fuerte, postre.*

B. **¿Qué se come?** *Con un compañero o una compañera, llena los siguientes recuadros (pág. 50) en las diversas comidas del día—desayuno, almuerzo, merienda, cena.*

Lo que uno come cuando:

	está a régimen	no se siente bien	quiere engordar	entrena atléticamente
desayuno				
almuerzo				
merienda				
cena				

II. ¿COMO SE DICE?

En un restaurante

Otras frases que usa un cliente

¿Qué tiene (lleva) este plato?
¿Con qué sale? (¿Con qué lo sirven)?
¿Qué tiene de tomar (beber)?
¿Qué tiene de postre?
¿Me pone papas[2] fritas en vez de arroz?
Por favor, tráigame otra cerveza.
¿Sería tan amable de . . . ? *Would you be so kind as to . . . ?*
¿Me traería . . . ? *Would you bring me . . . ?*
Tráigame . . . *Bring me . . .*

VOCABULARIO ACTIVO

pedir (i)	*to order*
(la) bebida	*drink*
(el/la) camarero(-a)[3]	
(la) carta	lista de todas las comidas que sirve un restaurante
(la) cuenta	*the check*
(la) entrada (el entrante)	*first course*
(el) menú del día[1]	
(el) plato fuerte	el plato principal
(la) propina	*tip*
(la) reserva	reservación
(la) ternera	*veal*
buen provecho[4]	
cómo no	*of course*
de acuerdo	*OK, agreed*
en seguida	inmediatamente

Ampliación de palabras

1. **Menú del día.** En España y en varios otros países hispanos es común que los restaurantes tengan un menú del día. Este equivale, más o menos, a los «especiales» de los restaurantes en Estados Unidos, pero no es igual. El **menú del día** incluye sopa, un plato fuerte, pan, vino y postre. Normalmente se puede escoger entre dos o tres platos fuertes. El precio siempre es más barato que si se pidiera la misma comida **a la carta,** es decir, cada plato individualmente.
2. **Patata, papa.** En España se usa la palabra **patata** y en otros países la palabra **papa.**
3. **Camarero(-a).** Hay muchas palabras para referirse a las personas que atienden en los restaurantes. Las más comunes son **camarero(-a)** y **mesero(-a).** En la mayoría de los países hispanos estas personas son hombres. Hay muy pocas mujeres que trabajen de meseras. Esto se debe, en parte, a que los camareros son profesionales y tradicionalmente deben mantener a su familia. Por esa razón los estudiantes no trabajan de camareros durante el verano, como en Estados Unidos. Pero como todo, también esto cambia, y hay ahora más mujeres que trabajan como camareras, aunque la gran mayoría siguen siendo hombres.
4. **«Buen provecho.»** Los hispanos creen que es de mala educación *(bad manners)* el no decir unas palabras a las personas al lado de nuestra mesa cuando entramos o salimos del restaurante. La expresión más usual es **«buen provecho»;** en España dicen **«que aproveche»,** que quiere decir simplemente **«buen apetito».** Por supuesto, una vez sentados a la mesa, la conversación es privada, pero si alguna persona pasa por nuestro lado, se oirá el típico saludo **«buen provecho», «gracias».**

Actividad

Una situación difícil. *En grupos de tres, preparen un diálogo sobre una de las siguientes situaciones y luego preséntenlo a la clase. Uno de ustedes hará el papel del camarero.*

1. Has invitado a comer a un amigo o amiga. No tienes tanto dinero como creías. El camarero recomienda platos caros a tu amigo(-a) y tú tratas de recomendar platos menos caros.
2. Quieres impresionar a un(-a) nuevo(-a) amigo(-a). Invitas a esta persona a comer en un restaurante elegante, pero a él (ella) no le gusta nada en el menú. ¿Qué van a comer y beber?

PARA PENSAR

VOCABULARIO ACTIVO

(el) ambiente	*atmosphere*
(el) bocadillo	*sandwich*
(la) cocina	*kitchen, cuisine*
(el/la) cocinero(-a)	la persona que prepara la comida
(los) mariscos	*seafood*

San Juan, Puerto Rico, tiene muchos restaurantes elegantes, como vemos en los siguientes anuncios.

Elección de restaurante

La Posada Cafe. Abierto 24 horas al día, con vista panorámica del mar. Servimos desayuno, almuerzo, cena o bocadillos durante la madrugada.

Capriccio. Restaurante italiano. Nos especializamos en pasta hecha por nuestros cocineros y en los mejores pescados, mariscos y ternera. Almuerzo y cena, abierto de 12 A.M. a 12 P.M.[1]

Renaissance. Cocina europea contemporánea, en un ambiente de refinada elegancia. Solamente servimos lo mejor y más fresco. Abierto para la cena.

Lotus Flower. La mejor comida china, nos especializamos en cocina mandarín, szechuan y hunan en un ambiente romántico. «Uno de los mejores restaurantes de San Juan» dice el *New York Times.* Abierto para almuerzo y cena.

Biferama. Tenemos las mejores hamburguesas y excelentes ensaladas. Situado frente a la Laguna del Condado. Bienvenidos en ropa de playa.

Fiesta Jíbara. Pruebe nuestro delicioso buffet de platos típicos isleños[2]. Disfrute con la música y bailes puertorriqueños. Situado en el Hotel Caribe Hilton Internacional.

Ampliación de palabras

1. A.M./P.M. Estas abreviaturas para referirse a la mañana o la tarde se usan corrientemente en anuncios y horarios en el mundo hispano, pues vienen del latín *(ante meridiem, post meridiem)*. Sin embargo, al contrario que en inglés, no se usan en la conversación diaria. En muchos países, para referirse al horario oficial de los bancos, almacenes, trenes, aviones, etc., se usa el sistema europeo de 24 horas. Es decir, **el avión sale a las 17:30** en lugar de **las 5:30 P.M.**
2. **Isleño.** La palabra **isleño** es un adjetivo derivado de **isla.** Así se forma también el adjetivo **caribeño** de la palabra **Caribe.**

Comprensión

¿A cuál de los restaurantes de San Juan vas a ir si . . .

a. tienes poco dinero?
b. quieres impresionar a alguien?

c. quieres comer langosta?
d. prefieres un ambiente informal?
e. tienes hambre a las cuatro de la mañana?
f. quieres disfrutar de un ambiente caribeño? ¿Por qué?

130 / CAMBIO16 N.º 526/28-12-81

¿Has tenido alguna experiencia interesante, cómica o desagradable en un restaurante?

Y tú, ¿qué piensas?

1. Si tú fueras a abrir un restaurante, ¿cómo sería? Piensa en los diferentes aspectos que debería tener: ¿Qué clase de ambiente quieres—familiar, sofisticado, romántico? ¿Qué tipo de comida servirías? ¿Cuál sería el tamaño *(size)* ideal del restaurante?
2. ¿Qué tipo de restaurante no hay en tu ciudad o pueblo que te gustaría que hubiera?
3. ¿A cuál de los restaurantes de San Juan te gustaría ir más? ¿les gustaría a tus padres? ¿y a tu mejor amigo o amiga? ¿Por qué?

Actividades

A. La guía turística. *Imaginen que su grupo es el comité turístico de su propia ciudad o pueblo. Hagan la descripción de cuatro o cinco restaurantes para una guía turística. ¿Qué tipo de comida se sirve? ¿A qué hora se abre y se cierra? ¿Es elegante o informal el ambiente? ¿Cuál es la especialidad de la casa? ¿Son económicos los precios?*

B. Tus restaurantes favoritos. *La clase va a hacer una lista de todos los restaurantes mencionados en la actividad A. ¿Cuántos de ustedes han comido en estos restaurantes? ¿Qué comieron? ¿Les gustó? ¿Es bueno el servicio? ¿Hay un restaurante chino? ¿italiano? ¿japonés? ¿Cuál de los restaurantes es el favorito de la clase? ¿el menos popular?*

PARA PENSAR

VOCABULARIO ACTIVO

bajar de peso	*to lose weight*
guardar la línea	*to stay slim*
soportar	*to bear*
(la) ayuda	*help*
(la) salud	*health*
(el) sentimiento	*feeling*

Trastornos alimenticios

Una de las enfermedades más tristes que tenemos en nuestra sociedad actual es la anorexia. En nuestra vida diaria estamos obsesionados con bajar de peso, guardar la línea, ser atractivos. Muchas personas llevan esta preocupación a extremos peligrosos para la salud, y algunas veces fatales. La lectura que sigue es un caso muy triste, y verdadero, de los peligros *(dangers)* de la anorexia. Agnes Cavalero es la madre de una muchacha que se murió trágicamente de anorexia. Después de la muerte de su hija, Agnes estableció una línea de emergencia *(hot line)* para gente que sufre de trastornos alimenticios *(eating disorders)*.

Intervención en la crisis

Por Agnes Cavalero

«¡No puedo soportarlo, no puedo soportarlo más!» sollozó° mi hija.

Era muy tarde por la noche . . . y estaba caminando de un lado a otro, deshecha en lágrimas°. Traté de calmarla, pero no pude aliviar su sufrimiento.

Incapaz° de ponerse en contacto con su propio doctor, habló con el médico de guardia° que le aconsejó que se pusiera en contacto con su psiquiatra al día siguiente. Pero ella necesitaba ayuda ¡EN SEGUIDA! Desesperada°, llamó al hospital local y habló con una señora que quería escuchar, pero que evidentemente no sabía qué hacer en una crisis de anorexia.

Estos incidentes ocurrieron una y otra vez, y mi hija no tenía a nadie a quien recurrir°, nadie que comprendiera el miedo, terror y pánico que ella sentía en el profundo abismo de su anorexia y bulimia. Murió apaciblemente mientras dormía.

Después de la muerte de mi hija mis temores° y angustias se hicieron más llevaderos° cuando establecí una línea de emergencia que más tarde se convirtió en un recurso° de referencia para otras líneas de crisis, agencias sociales, médicos y escuelas/colegios, así como para individuos que luchaban con sus propios trastornos alimenticios. La persona que responde la línea de emergencia sabe escuchar, comprender los sentimientos de las personas, y responder con voz suave para calmar la intensa emoción del que llama.

Nadie debe morir así.

sobbed
deshecha . . . *dissolved in tears*
unable
médico . . . *doctor on duty*
desperate
nadie . . . *no one to turn to*
fears
bearable
resource

Comprensión

1. Pon en orden los sucesos e ideas de la lectura.
   ____ La hija de Agnes Cavalero murió a causa de trastornos alimenticios.
   ____ Agnes Cavalero, la madre, estableció una línea de emergencia para los que sufren de anorexia y bulimia.
   ____ La hija trató de conseguir ayuda muchas noches, pero fue inútil.
   ____ Las personas que contestan la línea de emergencia comprenden los trastornos alimenticios.
2. ¿Qué es la anorexia? ¿y la bulimia?
3. ¿Qué tipo de persona responde la línea de emergencia que estableció Agnes Cavalero?

Y tú, ¿qué piensas?

1. En tu opinión, ¿por qué existen trastornos alimenticios?
2. ¿Qué tipos de línea de emergencia existen en tu ciudad? ¿Existe una línea de emergencia para los trastornos alimenticios? (Si no sabes, puedes buscar en la guía telefónica o llamar al hospital.)
3. ¿Quiénes sufren más de los trastornos alimenticios, las mujeres o los hombres? ¿Por qué?
4. ¿Conoces casos de anorexia? Describe estos casos.
5. ¿Qué harías si tu mejor amigo/amiga tuviera esta enfermedad?
6. ¿Conoces algún caso de una persona que haya podido sacar algo positivo de una situación trágica o difícil?

MAS ALLA

Entre dos mundos

En el mundo hispano una comida típica consiste en una entrada (generalmente sopa), un plato fuerte (carne o pescado con legumbres), postre y café. En los días de fiesta se añade una copa de licor al menú. La comida del mediodía es la comida principal del día, a diferencia de Estados Unidos, donde preferimos tomar nuestra comida fuerte por la noche. El horario también es diferente, pues en varios países normalmente se come hacia las dos de la tarde y se cena después de las nueve de la noche. Por esta razón, hacia las cinco o seis de la tarde se merienda, es decir, se toma un bocadillo para no tener hambre hasta la hora de cenar.

Dicen que por la forma de comportarse° una persona a la mesa se conoce su naturaleza°. Hay un viejo refrán español, «En la mesa y en el

behave
character

juego° se conoce al caballero.» Es por eso muy importante aprender las normas de cada cultura a la hora de comer. En la cultura hispana se considera de mala educación° tener una mano debajo de la mesa. Las dos manos deben estar siempre apoyadas° sobre la mesa. Además, para comer el plato fuerte, se usan las dos manos. El tenedor se toma con la mano izquierda y el cuchillo con la derecha, y nunca se cambian de mano. La forma de comer de los estadounidenses—cambiando el tenedor y el cuchillo de mano para cortar la carne, y luego dejando el cuchillo al borde del plato—sorprende a muchos hispanos.

gambling

mala . . . *bad manners*/

resting

Palabras, palabras, palabras

A. *Elimina la palabra que no corresponde al grupo.*

1. pastel, bizcocho, torta, cuchara
2. espinacas, ternera, pimiento, apio
3. carta, cuenta, manzana, propina
4. pimienta, sal, ajo, ambiente
5. marisco, cocinera, mesero, camarero

B. *¿De qué otra manera pueden expresarse las palabras en bastardilla?*

1. Juan está muy preocupado por su peso y quiere *adelgazar*.
2. Me gusta el helado de fresa pero *adoro* el de chocolate.

3. Como mucho pescado pero *odio* los calamares.
4. Las naranjas son *un alimento* que contiene mucha vitamina C.
5. Para el cumpleaños de mi hermano mi padre compró *un pastel* delicioso.
6. Tenemos que irnos *inmediatamente* porque nos pueden cancelar la reserva en el restaurante.
7. ¿Qué quieres pedir de *plato principal*?
8. ¿Vamos a comprar un *sandwich*?

Para expresarse

Entrevista. *En esta actividad entrevistarás a un hispanohablante. Si no conoces hispanohablantes que estudien en la universidad, tal vez tu profesor o profesora puede sugerirte nombres. Si es difícil encontrar hispanos en tu región, puedes invitar a la clase una sola persona para la entrevista. En cualquier caso, debes sacar apuntes o grabar* (record) *la conversación para presentarla luego en clase. Es posible que no comprendas todo lo que te diga la persona entrevistada, por lo que debes seguir varias reglas:*

1. **Escucha** lo que dice la persona en vez de pensar en tu siguiente pregunta.
2. Si no comprendes alguna palabra, trata de deducir su significado por la conversación. Escucha tratando de comprender el sentido de todo lo que dice, y no te preocupes demasiado por las palabras que no comprendas.
3. Si una palabra parece importante y no la comprendes, **pregunta** qué quiere decir.
4. **Conversa** con la persona. No tengas miedo de decir **no entiendo; más despacio, por favor; ¿puede usted explicarme lo que quiere decir?**

Antes de la entrevista, la clase preparará preguntas usando como modelo la lista que viene a continuación. Antes de la entrevista, podrías practicar las preguntas con un(a) compañero(-a) o con tu profesor(a).

1. En mi clase de español, estamos estudiando la comida hispana. Quisiera hacerle algunas preguntas acerca de la comida de su país. ¿Está bien?
2. ¿De dónde es usted?

3. ¿Cuáles son los platos típicos de su país?
   ¿Qué es _____? ¿Me lo puede describir?
4. ¿Le gusta la comida de Estados Unidos? ¿Por qué? (¿Por qué no?)
5. ¿Prefiere la comida de Estados Unidos o la de su país? ¿Por qué?
6. ¿Qué comen ustedes en los días festivos?

Diario

Piensa en algunos aspectos de la comida que te interesen particularmente. Puedes escribir sobre tus platos favoritos, los platos que no te gustan, las actitudes de tu familia y tus amigos ante la comida, tus experiencias infantiles con la comida, algunos platos interesantes que hayas probado o preparado. También puedes escribir sobre tu fiesta favorita del año, tus tradiciones familiares y la comida típica de ese día.

Mi diario

____

____

____

____

____

____

____

____

____

____

____

____

____

____

____

____

____

____

CAPITULO 4

El turismo: un mundo para explorar

- **Expresiones útiles en vacaciones**
- **Cómo dar y pedir direcciones**

I. ¿COMO SE DICE?

Expresiones útiles en vacaciones
En un hotel

VOCABULARIO ACTIVO

dejar	*to leave (something)*
llenar	*to fill out*
quedar	estar; *also: to be left, remain*
(la) cama de una plaza[1]	
(la) cama matrimonial[1]	
(el) cuarto	*room*

(el) cheque de viajero	*traveler's check*
(el) equipaje	*luggage*
(la) ficha[2]	formulario
(la) habitación	cuarto
hasta	*until*
lo siento	*I'm sorry*
por supuesto	*of course*

Ampliación de palabras

1. **Cama matrimonial, de una plaza.** Una **cama de una plaza** es para una persona. ¿Para cuántas personas crees que es una **cama matrimonial?**
2. **Ficha de registro.** Una **ficha de registro** es un formulario que debes llenar cuando llegas a un hotel. En varios países, como España, por ejemplo, el hotel entrega estas fichas a la policía.

Un cuarto, por favor. *En parejas, imagina que uno(-a) de ustedes acaba de llegar a un hotel para pasar unos días y el otro (la otra) es el (la) empleado(-a) del hotel. Usa las preguntas anteriores u otras para arreglar tu estadía* (your stay).

PARA PENSAR

VOCABULARIO ACTIVO

alojarse (hospedarse)[1]	*to lodge, stay at*
compartir	*to share*
pasar	*to spend (time)*
relajarse	*to relax*
subir	*to board, get on*
(la) aduana	*customs*
(la) azafata, (el/la) aeromozo(-a)	persona que ayuda a la gente durante un vuelo

(el) compañero(-a) amigo(-a)
(el) dinero en efectivo *cash*
(el) extranjero *abroad, foreign countries; foreigner*
(el) lujo[2] *luxury*
(la) maleta *suitcase*
(el) pasaje *fare on a boat or airplane*
(el/la) viajero(-a) persona que viaja
(el) vuelo *flight*

económico(-a)
retrasado(-a) *late*

Formularios para la aduana

DECLARACION DE ADUANA	
Nombre: Elliot, John Douglas	Edad: 47
Estado civil: casado	
Dirección permanente: 4245 Hathaway Road, Darien, Connecticut, USA	
Ocupación: ingeniero	
Lugar de empleo: Davis Chemical Company	
Dinero en efectivo: $3200	
Dirección en Costa Rica: Costa Rica Hilton	

Descripción del viaje: John Elliot sale de Nueva York en un vuelo directo a San José en primera clase. Apenas° sube al avión, pide su bebida favorita, y la azafata le trae champán en seguida. Al llegar al aeropuerto, lo espera un coche del hotel donde se hospeda[1]. El chófer pone sus cinco maletas Gucci—todas coordinadas—en el maletero° del automóvil. Al señor Elliot le sorprenden los contrastes entre la pobreza[2] y la riqueza[2] que ve en su camino al hotel. Cuando llega a su *suite* en el Costa Rica Hilton, llama al servicio de cuarto, va a su lujoso[2] cuarto de baño, se sienta en la elegante bañera° con jacuzzi, y toma champán para relajarse y descansar.

No sooner

trunk

bathtub

Ampliación de palabras

1. **Alojarse, hospedarse.** El verbo **quedarse** se usa también en este contexto, por ejemplo: **Me quedé en el Hotel Ritz en Madrid.**
2. **Lujoso(-a), pobreza, riqueza. Pobre** es el adjetivo que corresponde al sustantivo **pobreza, rico** es el adjetivo que corresponde al sustantivo **riqueza,** y **lujoso** es el adjetivo que corresponde al sustantivo **lujo.**

Comprensión

1. ¿Para quién trabaja el Sr. Elliot?
2. ¿Qué toma el Sr. Elliot durante el vuelo?
3. ¿Quién espera al Sr. Elliot en el aeropuerto?
4. ¿En qué tipo de hotel se hospeda (se queda) el Sr. Elliot?

DECLARACION DE ADUANA	
Nombre: Erickson, Martha Elizabeth	Edad: 61
Estado civil: soltera	
Dirección permanente: 423 South 23rd Street, Elwood, Indiana, U.S.A.	
Ocupación: profesora de historia	
Lugar de empleo: Elwood Public Schools	
Dinero en efectivo: $ 1200.	
Dirección en Costa Rica: Hotel Caribe	

Descripción del viaje: La Srta. Martha Erickson es profesora de historia en un colegio de Indiana. Todos los años, ella y un grupo de amigas viajan en grupos organizados a diferentes países del mundo, porque así no necesitan preocuparse° por los detalles del viaje. Martha habla un poco de español, pero no muy bien. Este año el grupo va a Costa Rica, y las viajeras están ansiosas por conocer el país. Se quedan en el Hotel Caribe, que es económico y donde se alojan muchos costarricenses. Tras° algunos días en San José, van a ir a las montañas del centro del país, y luego van a pasar tres días en la playa.

worry

Despueś de

Comprensión

1. ¿Viaja mucho la Srta. Erickson?
2. ¿Con quiénes viaja?
3. ¿Por qué participa la Srta. Erickson en viajes organizados?
4. ¿Qué tipo de hotel es el Hotel Caribe? ¿Por qué se queda la Srta. Erickson allí?

Descripción de viaje: Henry Gates espera que llegue el avión en que va a Costa Rica. Es un vuelo charter y está retrasado, pero a él no le importa eso porque el pasaje le salió muy económico. Su viaje no es turístico; Henry es muy idealista y va a ayudar a construir una escuela en el norte del país. Al llegar, lo espera en el aeropuerto un miembro del grupo «Construyamos» que lo lleva en autobús hasta un hostal de la juventud, donde comparte una habitación con otros ocho estudiantes. Al día siguiente van en autobús al pueblo en que Henry va a trabajar este verano.

DECLARACION DE ADUANA	
Nombre: Gates, Henry Wade	Edad: 20
Estado civil: soltero	
Dirección permanente: 2540 Orange Ave., Long Beach, California, USA	
Ocupación: estudiante	
Lugar de empleo: —	
Dinero en efectivo: $ 650	
Dirección en Costa Rica: Hostal de la Juventud	

Comprensión

1. ¿Qué tipo de vuelo toma Henry?
2. ¿Qué va a hacer durante el verano en Costa Rica?
3. ¿Quién espera a Henry en el aeropuerto? ¿Cómo van a la ciudad?
4. ¿Adónde van Henry y los otros estudiantes al día siguiente?

Y tú, ¿qué piensas?

1. ¿Cuál de los tres viajes preferirías? ¿Por qué? ¿Cuál de los tres preferirían tus padres?

2. ¿Crees que es importante hablar la lengua de los países que visitas? ¿Te parece que hablar el idioma del país cambia tus experiencias cuando viajas? Justifica tu respuesta.
3. En tu opinión, de los tres viajeros, ¿quién va a disfrutar más de su viaje? ¿Por qué?

Actividades

A. **¿Qué tipo de viajero eres?** *Llena el siguiente cuestionario y compara tus respuestas con las de los miembros de tu grupo.*

Cuando estoy de viaje . . .

	Sí	No	A veces
1. hago reservaciones en los hoteles de cada ciudad que pienso visitar.	☐	☐	☐
2. prefiero un hotel de lujo, con todas las comodidades *(comforts).*	☐	☐	☐
3. siempre necesito mucho equipaje.	☐	☐	☐
4. prefiero ir con un tour organizado o, por lo menos, consultar guías *(guides)* turísticas.	☐	☐	☐
5. prefiero quedarme en un solo lugar y conocerlo bien.	☐	☐	☐

Calcula tu calificación de la siguiente manera:
por cada «sí» anota tres puntos;
por cada «a veces» anota dos puntos;
por cada «no» anota un punto.

Si tu calificación total está entre 12 y 15 eres cuidadoso y prudente.
Si tu calificación total está entre 9 y 11 eres flexible y con una personalidad ecléctica.
Si tu calificación total está entre 4 y 8 eres un poco bohemio, aventurero y joven de espíritu.

B. **Tu viaje más memorable.** *Describe tu viaje más memorable. Cuenta la experiencia más interesante, extraña u horrible que te haya ocurrido viajando en Estados Unidos o en el extranjero.*

ENTRADA DE EXTRANJEROS Nº 915318

APELLIDOS 1.º .... NOMBRE ....
(Nom/Name) 2.º .... (Prénom/First name/Vorname)

FECHA DE NACIMIENTO ....
(Date de naissence/Birth date/Geburtsdatum)

NACIONALIDAD ACTUAL ....
(Nationalité actuelle/Present nationaliti/Gegenwartige staatangehorigkeit)

LUGAR DE NACIMIENTO ....
(Lieu de naissance/Place of birth/Geburtsort)

PASAPORTE N.º .... EXP. EN ....
(N.º du passeport/Passport number/Reisepassnummer)

.... de .... de 19........

ESTABLECIMIENTO .... Firma,
Signature/Unterschrft

DOMICILIO ....

....

II. ¿COMO SE DICE?

Cómo pedir y dar direcciones: Caminando por la ciudad

En el metro

Otras preguntas para obtener información

- ¿Podría decirme como llegar a (Ríos Rosas)?
- ¿Podría ayudarme? Quiero ir a (Ríos Rosas).
- ¿Podría indicarme como ir a (Ríos Rosas)?

VOCABULARIO ACTIVO

bajarse	*to get off (a train, bus)*
cambiar (de)	*to switch, change*
doblar	*to turn*
empacar (hacer la maleta)	*to pack*
seguir (i)	*to keep on*
(la) bocacalle	*crossroads, traffic intersection*
(la) cuadra	*city block*
(el) metro	*subway*
(la) tarifa	*fare*

a mano derecha	a la derecha
a mano izquierda	a la izquierda
detrás (de)	*behind*
(todo) derecho	*straight ahead*
¿A qué distancia queda . . . ?	*How far is (it)?*
¿Por dónde se va a . . . ?	*How do I get to . . . ?*

Ampliación de palabras

1. Los verbos **quedar** y **estar** se usan para indicar un lugar específico. Puedes preguntar **¿Dónde está (la Calle Cervantes)?** o **¿Dónde queda (la Calle Cervantes)?**

Actividades

A. Un viaje a Segovia. *El plano de las páginas 76–77 muestra varias calles importantes de Segovia (España). Los lugares de interés turístico especial están indicados con números. Divididos en grupos de tres personas, cada miembro del grupo escribirá los números de uno a veinte en trozos de papel. Pongan los papeles en un sobre y pídanle a un miembro del grupo que saque dos números. El primer número indica el lugar donde el (la) «turista» está ahora. El segundo número indica el lugar adonde él o ella quiere ir. Usando las frases que se acaban de presentar, el (la) «turista» debe preguntar cómo llegar y, con ayuda del plano, las otras dos personas del grupo deben darle instrucciones para llegar al lugar. Antes de ponerse en marcha, el (la) «turista» debe repetir las instrucciones. Intercambien los papeles hasta que cada miembro del grupo haya pedido indicaciones dos o tres veces.*

B. Haciendo las maletas. *Escoge una de las siguientes situaciones. Imagínate que estás haciendo la maleta para ese viaje. Haz una lista de las cosas que llevarías. Si la necesitas, usa las listas de vocabulario de los apendices 1–3.*

1. Tu amiga te llama el viernes por la noche y te dice que va a las montañas a acampar este fin de semana. Te dice que si estás en la estación del autobús en media hora puedes ir también.
2. Durante los últimos meses has estado planeando un viaje para esquiar en Chile. Finalmente, ha llegado la fecha del viaje.
3. Durante las vacaciones de primavera vas a visitar a tu hermano que está estudiando en la universidad de Puerto Rico en Mayagüez.
4. Tu mejor amigo trabaja como abogado en Nueva York. Te ha invitado a visitarlo durante el fin de semana. Vas a ir si no se cierra el aeropuerto por la nieve.

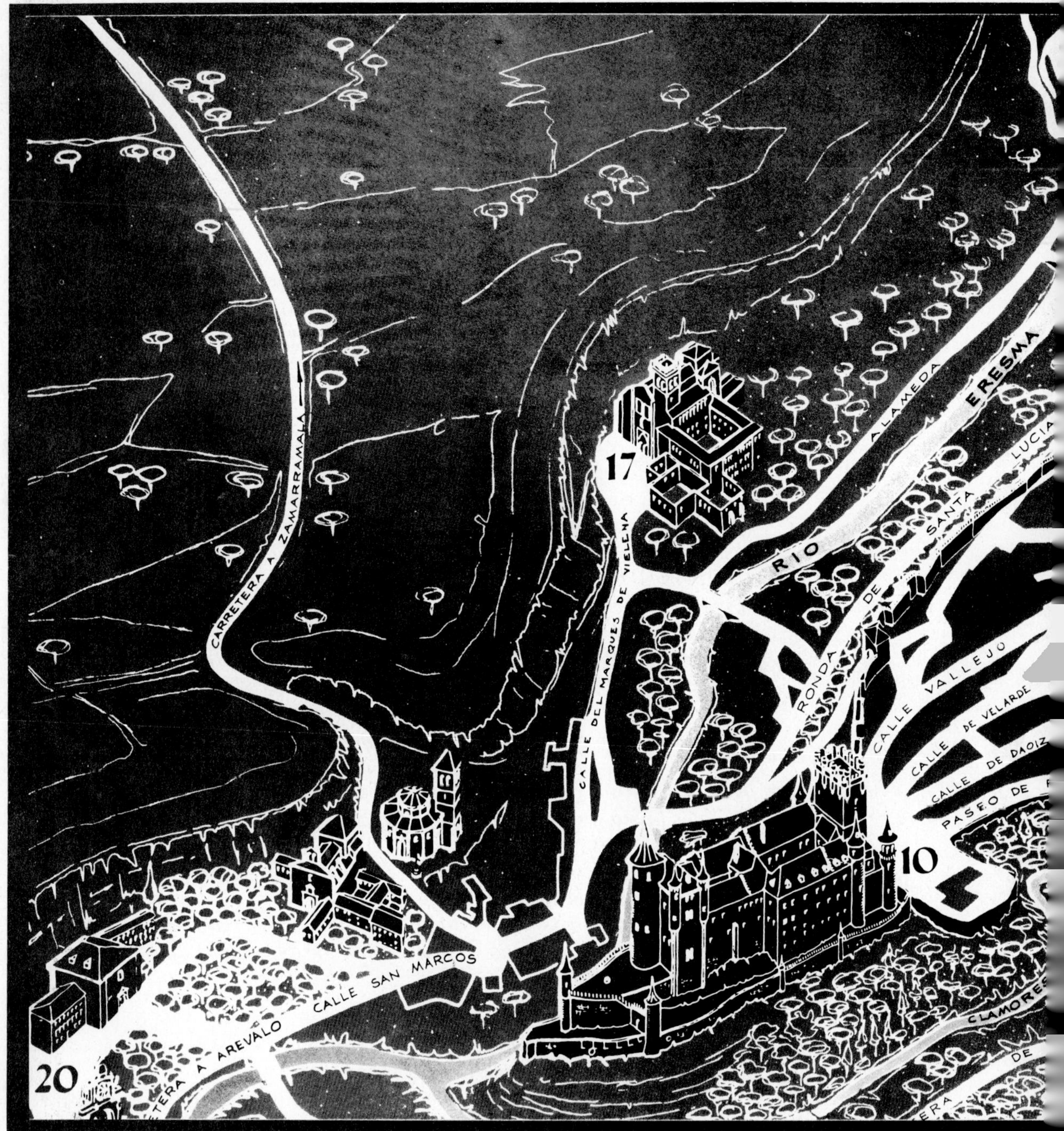
CARRETERA A ZAMARRAMALA
17
CALLE DEL MARQUES DE VILLENA
ALAMEDA
RIO ERESMA
RONDA DE SANTA LUCIA
CALLE VALLEJO
CALLE DE VELARDE
CALLE DE DAOIZ
PASEO DE
10
CALLE SAN MARCOS
TERA A AREVALO
20
CLAMORES

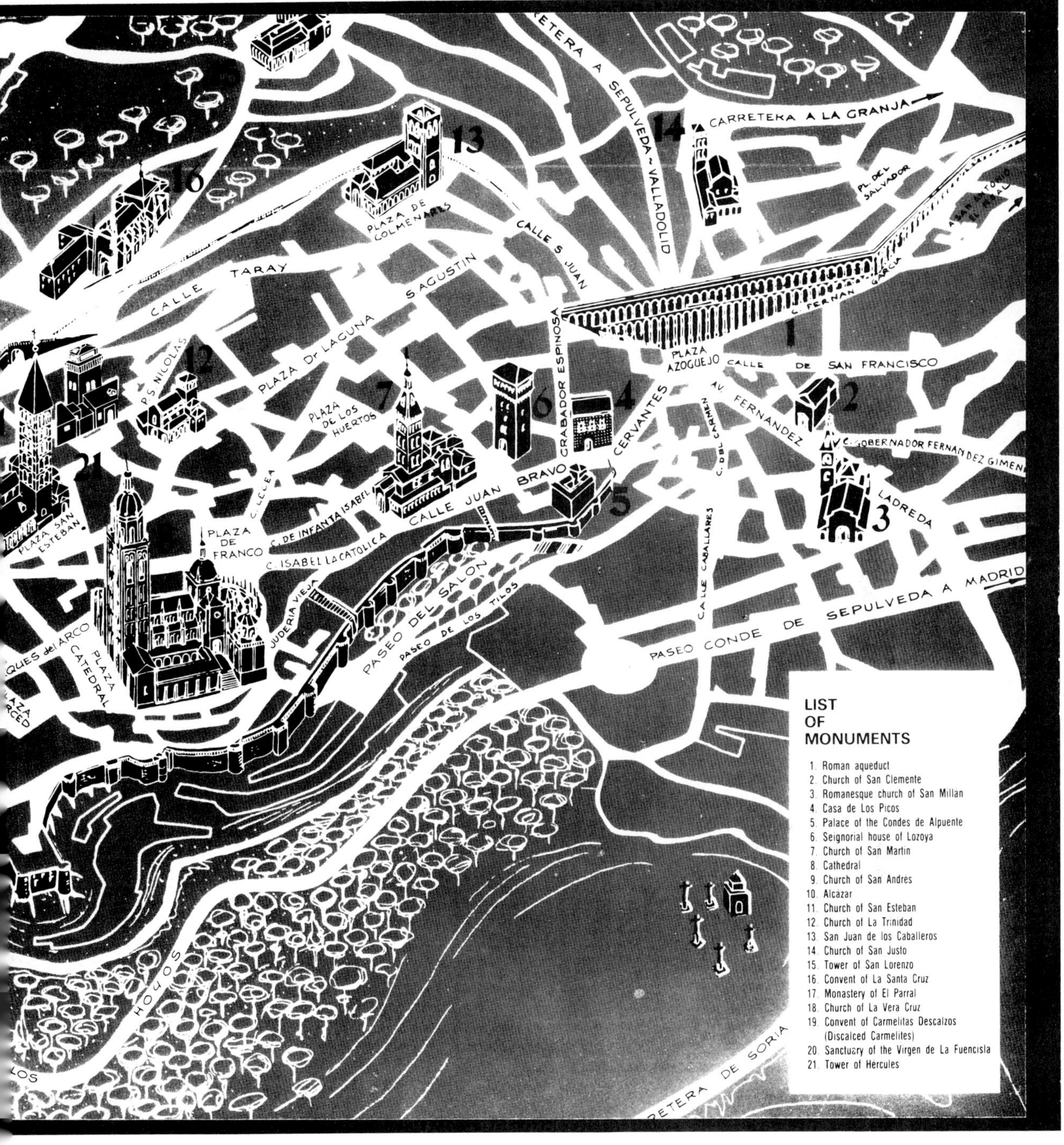
CARRETERA A SEPULVEDA ~ VALLADOLID
CARRETERA A LA GRANJA
PL. DEL SALVADOR
PLAZA DE COLMENARES
CALLE S. JUAN
CALLE TARAY
S. AGUSTIN
C. FERNAN GARCIA
PLAZA AZOGUEJO
CALLE DE SAN FRANCISCO
PLAZA Dr LAGUNA
P. S. NICOLAS
PLAZA DE LOS HUERTOS
GRABADOR ESPINOSA
CERVANTES
AV. FERNANDEZ
C. GOBERNADOR FERNANDEZ GIMENEZ
LADREDA
C. DEL CARMEN
CALLE JUAN BRAVO
C. DE INFANTA ISABEL
C. ISABEL LA CATOLICA
PLAZA DE FRANCO
PLAZA SAN ESTEBAN
CALLE CABALLARES
PASEO CONDE DE SEPULVEDA A MADRID
JUDERIA VIEJA
PASEO DEL SALON
PASEO DE LOS TILOS
PLAZA CATEDRAL
HOYOS
CARRETERA DE SORIA
LIST OF MONUMENTS
1. Roman aqueduct
2. Church of San Clemente
3. Romanesque church of San Millán
4. Casa de Los Picos
5. Palace of the Condes de Alpuente
6. Seignorial house of Lozoya
7. Church of San Martín
8. Cathedral
9. Church of San Andrés
10. Alcázar
11. Church of San Esteban
12. Church of La Trinidad
13. San Juan de los Caballeros
14. Church of San Justo
15. Tower of San Lorenzo
16. Convent of La Santa Cruz
17. Monastery of El Parral
18. Church of La Vera Cruz
19. Convent of Carmelitas Descalzos (Discalced Carmelites)
20. Sanctuary of the Virgen de La Fuencisla
21. Tower of Hércules

5. Un buen amigo (una buena amiga) de tu infancia va a casarse en Los Angeles. Tú eres el padrino/la dama de honor *(best man/maid of honor)*.
6. Vas a casa a visitar a tu familia el Día de Acción de Gracias *(Thanksgiving)*. Vas a salir con unos de tus viejos amigos también.

PARA PENSAR

VOCABULARIO ACTIVO

cuidadoso(-a)	*careful*
peligroso(-a)	*dangerous*
junto a	*next to*
por costumbre	*customarily, usually*

La siguiente carta apareció en la revista ***Temas.***

Nueva York, ¿peligroso?

Siempre tengo por costumbre leer su revista, pero ésta es la primera vez que les escribo. Leí la carta escrita por Olga Tirado sobre unos suramericanos que visitaban Nueva York. El papá del grupo le advirtió° a su hijo pequeño que no se separara de ellos porque «Nueva York es una ciudad muy peligrosa». *warned*

Yo creo que la Sra. Tirado hizo muy bien en responder al señor diciéndole que «en Nueva York no matan a todo el mundo». Es verdad que algunas veces nos exponemos° a ser atacados en el metro, especialmente si se viaja muy tarde en la noche. Es aun más peligroso si se va en un vagón del tren que esté desocupado, pues los atacantes prefieren que no haya demasiada gente alrededor°. Yo creo también que los metros no tienen la vigilancia adecuada, ya que hay muy pocos policías en el tren.

nos . . . *we risk*

around

Lo mismo pasa junto al Central Park. El parque está entre la Quinta Avenida y Central Park West, donde se encuentran las residencias más elegantes de la ciudad. Sin embargo, nadie debe aventurarse a entrar en el parque durante la noche, pues se expone a ser atacado brutalmente.

No obstante°, debemos recordar que hay asaltos y crímenes en todas partes del mundo, no solamente en nuestra gran ciudad. *Nevertheless*

Carmen Viana

Nueva York

Comprensión

1. ¿Cree la autora que Nueva York es una ciudad peligrosa? Justifica tu respuesta.
2. ¿Qué dice la autora de la policía de la ciudad?
3. Según la autora, ¿cuándo y dónde ocurren los crímenes en Nueva York?

Y tú, ¿qué piensas?

1. ¿Estás de acuerdo con la opinión de la autora sobre las grandes ciudades norteamericanas?
2. ¿Qué precauciones debe tomar un «viajero cuidadoso» para evitar situaciones peligrosas?
3. ¿Has estado en una situación peligrosa en una ciudad? Cuéntale a la clase lo que te pasó.

Actividad

Perdón, ¿dónde queda el centro estudiantil? *La clase se divide en parejas y un miembro de cada pareja hace el papel de un(a) estudiante hispano(-a) que no habla inglés. Imagina que el (la) estudiante hispano(-a) se te acerca* (approaches you) *al salir de tu clase de español y te pide instrucciones para llegar a algún lugar de tu ciudad (por ejemplo, el centro estudiantil, la biblioteca, un banco, un restaurante económico, la oficina de correos).*

Cuando terminen, cambien de papel (role).

PARA PENSAR

VOCABULARIO ACTIVO

conseguir[1]	obtener
(el/la) agente de viajes	
(el) alojamiento	*lodging*
(el) anuncio	*advertisement*
(la) línea aérea	
divertido(-a)	*amusing, fun, enjoyable*
único(-a)	*only, unique*
dentro (de)	*within, inside*

un lugar bajo el sol

Las islas Baleares, frente a la costa de España, son un lugar único en el mundo. La belleza de sus playas y su clima no tienen comparación. Dentro de Europa no hay un lugar que se pueda comparar con ellas, sobre todo con Ibiza, donde se unen lo moderno y lo tradicional para crear uno de los ambientes más divertidos y especiales. No es difícil consequir alojamiento en Ibiza, desde los más lujosos hoteles hasta las pensiones más informales. Consulte con su línea aérea o con su agente de viajes y venga a pasar unos días inolvidables en las Baleares.

Comprensión

1. Según el anuncio, ¿por qué son las islas Baleares un lugar único?
2. ¿Dónde puede hospedarse uno, según el anuncio?
3. ¿Cómo se puede arreglar *(arrange)* un viaje a Ibiza?

Y tú, ¿qué piensas?

1. ¿Has estado alguna vez en un lugar turístico como Ibiza? ¿Crees que es un lugar que te gustaría visitar? ¿Por qué?
2. Un(a) amigo(-a) extranjero(-a) va a pasar un mes en Estados Unidos. ¿Qué lugares crees que debe visitar? ¿Por qué crees que estos lugares son importantes?

MAS ALLA

Entre dos mundos

Una de las características de los hispanos, que se manifiesta en todos los aspectos de la vida diaria y muy especialmente en la forma de vestirse, es su **amor propio**°. Los hispanos tratan de estar siempre muy bien vestidos°, no solamente cuando van a trabajar, sino también cuando están en casa, por si alguien viene de visita.

amor . . . *self-love, pride*
dressed

Para los hispanos es muy fácil reconocer a los turistas, por la manera en que están vestidos. Por ejemplo, los hispanos usan pantalones cortos solamente en la playa, nunca en la ciudad. Los turistas, por otro lado, suelen llevar pantalones cortos no solamente cuando caminan por la ciudad, sino cuando visitan museos, monumentos históricos y restaurantes. Los zapatos también son muy importantes para los hispanos, pues siempre deben estar limpios y brillantes. Por otra parte, los zapatos de tenis se usan mucho menos que en Estados Unidos. Hay gente que afirma que para reconocer a un extranjero basta° mirarle los pies.

one only needs to

Palabras, palabras, palabras

A. *La señorita Gutiérrez, una mujer de negocios, describe a su amiga lo que suele hacer en uno de sus viajes al extranjero. En grupos, determinen el orden lógico de las siguientes frases.*

_____ Tomo el autobús al aeropuerto.
_____ Al llegar, me bajo del avión y tengo que pasar por la aduana y mostrar el pasaporte.
_____ Voy a la agencia de viajes para pagar el pasaje y buscar información.

_____ Hago las maletas. Tengo demasiado equipaje, como siempre.
_____ Anuncian la llegada del avión. Encuentro la puerta para subir al avión.
_____ La agente de viajes me reserva el vuelo y una habitación en un hotel bueno.
_____ Y ahora, ¡a encontrar un taxi, ir al hotel y dormir un poco!

B. *Termina la oración con la palabra apropiada.*

1. Cuando estoy de viaje, prefiero no llevar dinero en ___________, sino cheques de ___________.
2. Cuando me gradúe de la universidad, quiero hacer un viaje al ___________: Grecia, Italia, Japón.
3. La gente rica prefiere los hoteles de ___________, no los hoteles económicos.
4. Cuando vamos de viaje, llevamos la ropa en una ___________.
5. Cuando llegues al centro, tienes que ___________ del autobús en la plaza central.
6. Pan Am, Iberia y Aeroméxico son líneas ___________.
7. Las grandes ciudades a veces son ___________ pero el viajero cuidadoso puede evitar situaciones difíciles.

C. *Expresa de otra manera las palabras en bastardilla.*

1. Por favor, ¿podría usted decirme donde *está* el Museo Arqueológico?
2. ¿Queda *un cuarto* con baño para dos personas?
3. La Iglesia de Santa María está a *la derecha.*
4. Cuando visité México *me alojé en* el Hotel Juárez.

Para expresarse

A. Un tour fabuloso. *Una agencia de viajes europea, llamada «Viajes Europa», quiere ofrecer un viaje a la zona donde viven ustedes. Unos representantes de esa agencia van a venir a la clase para que varios grupos de ustedes les presenten diferentes tours. Cada grupo se reunirá previamente para crear su tour: lugares de interés, sitios históricos, hoteles, restaurantes, precios. Los «representantes» también deben reunirse para decidir qué preguntas quieren hacer.*

B. Entrevista. *Si es posible, inviten a un hispanohablante (una española, un puertorriqueño, un mexicano, una cubana, etc.) a la clase para hacerle una entrevista. Si hay muchos hispanos en la zona, cada uno de ustedes puede hacer la entrevista fuera de clase. Si esto no es posible, pueden entrevistar al profesor o a un(a) estudiante que haya visitado un país hispano.*

Supón que vas a visitar el país de la persona que vas a entrevistar. Toma apuntes (notas) durante la entrevista y escribe un resumen después. Si quieres, puedes grabar la entrevista. Utiliza las siguientes preguntas para comenzar.

1. ¿Cuánto cuesta un pasaje *(al Perú)*?
2. ¿Qué lugares de interés recomienda usted que visite en *(el Perú)*?
3. ¿Cómo llego a *(Lima)*?
4. ¿Qué lugares de interés hay en *(Lima)*?
5. ¿Puede usted recomendarme un hotel allí?

Este anuncio ofrece un viaje completo a Puerto Vallarta, México. El vocabulario podría servir para planear el viaje de ustedes.

Diario

En tu diario escribe una descripción del viaje más interesante que has hecho y del próximo viaje que quieres hacer.

Mi diario

CAPITULO 5

La vida académica . . . y después

- Maneras de expresar tu opinión
- Cómo expresar tus principios

I. ¿COMO SE DICE?

Maneras de expresar tu opinión

En la vida diaria, y sobre todo en la vida académica, es muy importante no solamente el poder comunicarnos, sino también el expresar nuestras ideas y opiniones sobre un tema y el poder discutir intelectualmente sobre distintos tópicos y materias.

Preguntas que podemos hacer

Para expresar una opinión

VOCABULARIO ACTIVO

estar a favor (de)	*to be in favor (of)*
estar de acuerdo (con)	*to agree (with)*
estar en contra (de)	*to be against*
copiar[3]	*to cheat*
hacer trampa[3]	*to cheat*

opinar	
tener razón	*to be right*
(el) asunto	*topic, matter*
(la) beca[1]	*scholarship*
(el) empleo	trabajo
(la) materia	*course, subject*
(el) tema	asunto
(el) préstamo	*loan*
(el) requisito[4]	*requirement*
exigente[2]	*demanding*
gratuito(-a)	que no cuesta nada
universitario(-a)	de la universidad
a mi juicio	en mi opinión
a mi parecer	en mi opinión
en mi opinión	

Ampliación de palabras

1. **Beca.** En muchos países hispanos no hay becas universitarias, porque la universidad es estatal y la enseñanza es gratuita.
2. **Exigente.** El verbo que corresponde al adjetivo exigente es **exigir.** Un sinónimo de **exigir** es **requerir**.
3. **Copiar, hacer trampa. Copiar** tiene un significado limitado al salón de clase; **hacer trampa(s)** tiene un sentido más general, como en un juego de cartas (por ejemplo el *poker*).
4. **Requisito.** En la mayoría de los países hispanos, las carreras universitarias son muy poco flexibles. Un estudiante debe tomar y aprobar todas las materias que se ofrecen en su departamento. En la universidad hispana no se exigen materias de «educación general» como en Estados Unidos, así que el concepto de **requisito** es diferente.

Actividad

¿Qué opinas tú? *Escoge la frase que mejor expresa tu opinión. Luego comparte tus respuestas con las de los miembros de tu grupo o con la clase.*

1. Copiar o hacer trampa, . . .
   - **a.** A mi parecer no se debe hacer jamás, en ninguna circunstancia.
   - **b.** Me parece que es muy común entre los estudiantes y aun es necesario en ciertas ocasiones.
   - **c.** En mi opinión es necesario hacer trampa a causa de los requisitos tan ridículos que tiene la universidad.

2. Sobre la educación universitaria . . .
   a. Creo que todos deben tener la oportunidad de asistir a la universidad y que todos se beneficiarían *(would benefit)* de la experiencia.
   b. A mi parecer sólo la gente más inteligente debe asistir a la universidad.
   c. Pienso que el gobierno debe decidir quién puede ir a la universidad.
3. La educación universitaria . . .
   a. Pienso que la universidad debe dedicarse a preparar a los estudiantes para que obtengan buenos empleos.
   b. A mi juicio, la educación no debe concentrarse en objetivos puramente prácticos.
   c. Creo que lo más importante de nuestra experiencia universitaria es lo que aprendemos fuera de las clases.
4. En relación a becas y préstamos estudiantiles . . .
   a. En mi opinión la educación universitaria debería ser gratuita.
   b. Estoy a favor del sistema que tenemos aquí en Estados Unidos: la universidad es costosa, pero tenemos suficiente ayuda económica para poder estudiar lo que queramos.
   c. Creo que es la responsabilidad de nuestros padres el pagar nuestros estudios universitarios.

PARA PENSAR

VOCABULARIO ACTIVO

aprobar (ue)	*to pass (a course)*
mejorar	*to improve*
reprobar	*to fail*
sacar una nota	*to get a grade*
superarse	*to get ahead*
suspender[1]	*to fail*
(la) actitud	*attitude*
(la) carrera[2]	
(los) derechos de matrícula[3]	*tuition*
(la) nota[4]	*grade*
(el) resultado	
(el) principio	*moral value, principle*
indispensable	necesario

¿Por qué estoy aquí?

Los principios que existen en nuestras familias acerca de la educación varían mucho e influyen en nosotros tanto para lo bueno como para lo malo. Veamos dos casos muy diferentes:

El padre de José Luis es médico y su madre es química, y creen que la educación es muy importante. Por eso pusieron a su hijo en una escuela privada desde que era niño. José Luis siempre fue un buen estudiante, que aprobaba todos sus cursos y sacaba muy buenas notas[4]. Cuando se graduó de la secundaria, decidió seguir la carrera de Filosofía y Letras° en la universidad. Sin embargo, José Luis nunca se preguntó si en verdad quería estudiar en la universidad o no. Su familia esperaba que lo hiciera. Su padre había estudiado, al igual que su madre, en una de las mejores uni-

Filosofía . . . equivalente a *Liberal Arts*

versidades privadas del país. Su familia era muy «académica.» Cuando comenzaron las clases, la actitud de José Luis cambió radicalmente. No estaba contento, las clases no le gustaban, lo suspendieron[1] en un curso durante el primer semestre.

El caso de José Luis no es único. La sociedad norteamericana ha llegado a considerar la educación universitaria como indispensable para conseguir trabajo. Muchos estudiantes no están listos para la vida universitaria. Otros estudian porque sus padres se lo exigen. Muchas veces los resultados son tristes: malas notas, cambios radicales de actitud frente a la vida, frustraciones, incluso mala salud.

Sofía representa el caso contrario. Su familia es pobre y sus padres no terminaron la escuela secundaria. Sin embargo, Sofía cree que la única manera de superarse es mediante una buena educación. Por eso, ella se esforzó mucho durante el colegio para poder obtener una beca que le permitiera asistir a la universidad.

Muchos estudiantes como Sofía se esfuerzan en sus estudios para mejorar sus condiciones de vida y para tener un futuro mejor. Estos estudiantes trabajan durante los veranos, para ahorrar dinero para pagar los derechos de matrícula, y muchas veces trabajan durante el semestre en la universidad, para poder comprar libros y materiales de clase.

Estos dos casos tan diferentes muestran la importancia de que todo estudiante sea muy consciente de los motivos por los que quiere asistir a la universidad.

Ampliación de palabras

1. **Reprobar, Suspender.** En casi todos los países hispanos los estudiantes tienen dos oportunidades de aprobar una materia. La primera es el examen final. Si la nota en el examen es mala (como una D en Estados Unidos), pero no tanto como para reprobar (como una F en Estados Unidos), el estudiante recibe un «suspenso», es decir, puede tomar otra vez su examen al comienzo del siguiente año académico. Por supuesto, si sale mal otra vez en el examen, reprueba, y debe repetir otra vez la materia.
2. **Carrera.** La palabra **carrera** tiene dos significados. El primero corresponde a la palabra inglesa *career*. El segundo y más frecuente significa las materias que se estudian en una disciplina académica; por ejemplo, **Josefina está estudiando la carrera de ingeniería industrial en el Instituto Politécnico.**
3. **Derechos de matrícula.** También se dice simplemente **la matrícula.**
4. **Nota.** Otra palabra que se usa mucho para **nota** es **calificación.** En muchos países hispanos, la universidad es muy exigente con sus estudiantes. La nota que recibe la mayoría de los estudiantes en una clase es «aprobado», que equivale a una C en Estados Unidos. Muy pocos logran un «notable» (que equivale a una B) y muchos menos llegan a

«sobresaliente». Además, un porcentaje bastante alto de estudiantes sacan algún «suspenso» en los exámenes finales, y muchos reprueban también en su segunda oportunidad y deben repetir el curso al año siguiente. Muy pocos estudiantes se gradúan sin haber reprobado algún curso de su carrera académica.

Comprensión

1. ¿Cómo es la familia de José Luis?
2. ¿Cuál es la actitud de sus padres ante los estudios?
3. Describe la familia de Sofía.
4. ¿Cuál es la actitud de Sofía frente a la educación?

Y tú, ¿qué piensas?

1. ¿Por qué estás tú en la universidad?
2. ¿Crees que tus estudios te van a ayudar en el futuro? ¿De qué manera?
3. ¿Cuál es la actitud frente a la educación en tu familia? ¿Crees que esas actitudes han influido en tu forma de pensar?
4. ¿Por qué decidiste venir a esta universidad y no a otra?
5. ¿Es mejor empezar los estudios universitarios inmediatamente después de la secundaria o unos años más tarde? Justifica tu respuesta.

Actividades

Una visita al consejero. La clase se dividirá en grupos de cuatro personas, las cuales representarán los papeles de estudiante, padre, madre y consejero(-a). Cada estudiante debe preparar algunas frases de antemano *(ahead of time)* pero también debe estar listo(-a) para reaccionar a lo que dicen los otros miembros del grupo.

El/la estudiante: Este es su primer año universitario y está saliendo muy mal en sus clases. Lo van a suspender en algunas cursos. El (la) estudiante se siente muy descontento(-a) en la universidad.

El padre: Es el director del departamento de economía de la universidad. Es un hombre muy conocido en el mundo académico. Es muy estricto y cree que la educación es lo más importante en la vida.

La madre: Dejó de estudiar cuando se casó. Su hijo mayor nació poco después. Ella era una estudiante muy buena, que había recibido una beca muy prestigiosa para estudiar física en una universidad privada. Siempre se arrepintió *(regretted)* de las oportunidades que había perdido al dejar sus estudios.

El (la) consejero(-a): Trata de permitir que el (la) estudiante y sus padres presenten sus ideas para que tal vez puedan encontrar alguna solución al problema que tienen.

PARA PENSAR

VOCABULARIO ACTIVO

enseñar	*to teach, show*
preocuparse	*to worry*
restar	*to subtract*
sumar	*to add*
(el) conocimiento	*knowledge*
(la) fecha	*the date*
(la) preocupación	*concern, worry*

Lee esta tira cómica, que apareció en una revista española.

¿Se aprende lo suficiente en la escuela?

Comprensión

1. ¿Qué ha aprendido la hija en la escuela?
2. ¿Qué le preocupa a la madre?
3. ¿Qué opina la hija sobre la preocupación de su madre? ¿Por qué?

Y tú, ¿qué piensas?

1. ¿Existen las mismas preocupaciones acerca del sistema educativo en Estados Unidos? ¿Se gradúa todo el mundo con conocimientos adecuados? Explica tu respuesta.
2. ¿Crees que la educación sexual debe enseñarse en las escuelas o debe quedar solamente en las manos de los padres? Justifica tu respuesta.
3. Piensa en los años que estudiaste en la secundaria. ¿Crees que aprendiste lo suficiente para entrar en la universidad? ¿Cuáles fueron los aspectos positivos de tu experiencia? ¿y los negativos?
4. Muchos estados exigen que los estudiantes de colegio presenten un examen general para poder graduarse. ¿Tuviste que presentar un examen así? ¿Cuál es tu opinión sobre estos exámenes?
5. Todos hemos tenido en la escuela o en el colegio un profesor o una profesora que recordamos con cariño y que ha sido importante para nosotros. Piensa en tu profesor(a) favorito(-a) y describe las características más importantes de su carácter. Luego compara estas características con la lista de un(a) compañero(-a) de clase. Después, entre los dos, describan al profesor ideal.

Actividad

Las siguientes preguntas se publicaron en la revista Temas. *Son preguntas de cultura general que un hispanohablante universitario sabría contestar. ¿Cuántas puedes contestar tú? En grupos, preparen una lista de preguntas similares que ustedes consideren de cultura general y que tus compañeros de clase deben poder contestar. Cuando terminen, cada grupo se juntará con otro y se harán preguntas el uno al otro.*

1. ¿A qué país se debe la invención de la pólvora *(gunpowder)*?
2. ¿Qué aviador cubrió por primera vez el itinerario New York-París en vuelo directo?
3. ¿Cuál es el río más largo de Suramérica?
4. ¿Qué heroína francesa y santa de la iglesia católica fue condenada a morir en la hoguera *(at the stake)*?
5. ¿Cuáles son las dos repúblicas que hay en la isla de Santo Domingo?
6. ¿Dónde se fabrican los famosos sombreros llamados de Panamá o panamás?

Respuestas: 1. China 2. Charles A. Lindbergh 3. El Amazonas 4. Santa Juana de Arco 5. La República Dominicana y la República de Haití 6. En Jipijapa (Ecuador)

II. ¿COMO SE DICE?

Cómo expresar tus principios

Todos nosotros tenemos valores y principios que organizan nuestra vida. Como miembros de la sociedad tenemos el derecho y la obligación de manifestar nuestras ideas y defender nuestras convicciones.

*Getting up very early does not make dawn come earlier.

VOCABULARIO ACTIVO

aprovechar	*to get the most out of*
discutir[1]	
equivocarse[2]	*to be wrong*
merecer	*to deserve*
oponerse a	
presentar un examen	*to take an exam*
salir bien (mal)	(no) tener éxito
(el) derecho	*the right*
dispuesto(-a)	*willing*
justo(-a)	*fair*
lo antes posible	*as soon as possible*
lo (más) importante	
lo fundamental	
lo mejor	*the best thing*
lo peor	*the worst thing*

Ampliación de palabras

1. **Discutir.** La palabra **discutir** no quiere decir lo mismo que el verbo inglés semejante. **Discutir** es mucho más fuerte; implica defender puntos de vista opuestos, y no simplemente conversar sobre un tema.
2. **Equivocarse.** Esta palabra puede usarse en otros contextos, por ejemplo si alguien llama por teléfono puedes decir, **usted tiene el número equivocado,** o si no estás de acuerdo con alguien, puedes usar **te equivocas** o **estás muy equivocado(-a).**

Actividad

Profesor, ¡por favor! *La clase se divide en parejas. Uno(-a) de los estudiantes asume el papel de un(a) profesor(a) de literatura muy exigente con los estudiantes y que da siempre malas notas. El otro(-a) es un(a) estudiante de la clase, que ha recibido una C en su examen, y piensa que merece una nota mejor. El (la) estudiante está en la oficina del profesor (de la profesora). Ademas de las expresiones del* ***Vocabulario activo,*** *pueden usar algunas de las siguientes expresiones como punto de partida.*

- **El (La) estudiante**
  - No es justo . . .
  - No es razonable . . .
  - Nunca he recibido . . .
  - Es increíble . . .
  - Si yo pudiera . . .
  - ¿Sería posible que . . . ?
- **El profesor (La profesora)**
  - Nadie merece . . .
  - Es imposible . . .
  - Jamás me he equivocado . . .
  - Si usted cree que . . .
  - ¿Está usted dispuesto(-a) a . . . ?

PARA PENSAR

VOCABULARIO ACTIVO

quejarse	*to complain*
(el) campo	*field*
(el) entrenamiento	*training*
(la) habilidad	*skill*
(el) promedio[1]	*the average*
a fondo	*in depth*
el hecho de que	*the fact that*

¿Cuál es la misión de la universidad?

Las universidades hispanas tienen equipos deportivos pero los atletas no reciben becas y las competiciones no tienen ninguna importancia pública (ni la televisión las exhibe ni los periódicos se ocupan de ellas). Al contrario, en Estados Unidos los deportes son una parte muy importante de la vida universitaria y estas «cartas al editor» podrían haber aparecido en un periódico de la comunidad hispana en Estados Unidos.

Señor Editor:

Soy un estudiante de ingeniería química en la Universidad. Mi promedio[1] académico es 3.6, y para mantenerlo tengo que estudiar muchas horas todos los días, los fines de semana, e incluso en vacaciones. Además trabajo para pagar mi matrícula. En el mismo dormitorio en el que yo vivo viven tres jugadores del equipo de fútbol. Los tres tienen becas atléticas en la universidad.

Me parece una gran injusticia que estas personas tengan toda la ayuda económica por su talento atlético y que los demás no recibamos ninguna por nuestro talento académico. ¿Qué es una universidad, después de todo? Es hora de frenar los abusos atléticos y darle la misma oportunidad de recibir becas a los estudiantes que las merecen por su inteligencia y no por sus músculos.

Sinceramente,
Un estudiante molesto

Señor Editor:

La carta de «Un estudiante molesto» me ha hecho pensar mucho sobre nuestras responsabilidades universitarias. Nuestra institución ha olvidado las razones primordiales de su misión: enseñar y formar el futuro. Al contrario, nos hemos convertido en un campo de entrenamiento en todas las disciplinas. No enseñamos matemáticas, sino técnica de computadoras; no enseñamos literatura, sino escritura técnica. Nuestros alumnos son tecnócratas, no humanistas.

El estudiante molesto tiene toda la razón. Es hora de examinar a fondo lo que quiere decir «Educación», con mayúscula°, en nuestra sociedad y en nuestra institución.

capital letter

Sinceramente,
Dolores Gallo
Profesora de filosofía

Señor Editor:

Las cartas de la Profa. Gallo y de «Estudiante molesto» son, una vez más, parte del estereotipo que las universidades tienen de los atletas. Nuestros estudiantes estudian durante el semestre la misma cantidad de horas que los demás estudiantes y además tienen que dedicar muchas horas a practicar su deporte. Es verdad que los atletas reciben becas para la universidad. Lo que los autores de las cartas no quieren ver es que los deportes atraen atención a nivel nacional para la universidad, y por esta razón vienen mejores estudiantes y mejores profesores a nuestro campus, y así mejora la vida académica de nuestra universidad.

La profesora Gallo se queja de que entrenamos tecnócratas y no humanistas. Tal vez debe pensar la Prof. Gallo un poco sobre qué es más importante: estudiar a Platón o adquirir habilidades prácticas como saber usar las computadoras. ¿Queremos entrenar humanistas que no tengan los conocimientos necesarios para encontrar un empleo cuando se gradúen de nuestra universidad? ¿Cuál es la verdadera misión de la universidad en nuestra sociedad?

Sinceramente,
Gabriel Vicente
Director atlético

Ampliación de palabras

1. **Promedio.** Los estudiantes hispanos no se preocupan tanto del **promedio** académico como los estadounidenses. Las notas no son tan importantes como aprobar la materia.

Comprensión

1. ¿De qué se queja el «estudiante molesto»?
2. ¿Cuál es la misión de la universidad, de acuerdo con la profa. Gallo?
3. ¿Qué ventajas tiene un programa atlético, según el señor Vicente?

Y tú, ¿qué piensas?

1. Ultimamente se habla mucho en Estados Unidos sobre el hecho de que los deportes universitarios se han vuelto casi profesionales. ¿Cuál es la situación en tu universidad? ¿Qué ventajas y privilegios tienen los atletas? ¿Cuál es tu opinión sobre esto?
2. ¿Quién crees tú que tiene razón, la profesora Gallo o el señor Vicente? ¿Por qué?
3. ¿Qué crees de las ideas del «estudiante molesto»?
4. ¿Qué materias obligatorias hay en tu universidad? ¿Qué opinas de estos requisitos? ¿Qué cambiarías?

Actividad

Los problemas universitarios. *La clase se divide en grupos de tres o cuatro. Cada grupo prepara una lista de los problemas fundamentales que existen en la universidad; por ejemplo, sexismo, racismo, discriminación hacia los homosexuales, favoritismo hacia ciertos estudiantes, abuso de drogas y alcohol. Cada grupo debe hacer una lista poniendo los temas en orden de importancia. Luego se compararán todas las listas y la clase entera debe decidir cuál es el problema más importante en su campus.*

Cada grupo seleccionará el tema que más le interese. Un(a) estudiante representará el papel de rector de la universidad o de un(a) periodista, y los otros harán el de representantes estudiantiles que van a hablar con él (ella) sobre el problema que el grupo ha seleccionado.

PARA PENSAR

VOCABULARIO ACTIVO

ascender	*to rise, be promoted*
tratar (con)	*to deal (with)*
(el) ascenso	*promotion*
(los) beneficios	
(el) empeño	*effort*
(el) empleo	trabajo
(el) hogar	*home*
(el) horario	*schedule*
(los) ingresos	sueldo
(el) poder	*power*
(el) prestigio	
(el) puesto	empleo
(el) quehacer	*task*
(las) ventas	*sales*

El siguiente artículo apareció en ***Cosmopolitan en español.***

la chica cosmo trabaja

Por Vivian Gude

COMO BUSCAR EL TRABAJO IDEAL PARA USTED

El trabajo "ideal" no existe.

Su amiga Gertrudis dice que trabaja en una empresa fa-bu-lo-sa porque la ascendieron al año de trabajo. Pero su amiga Susana está encantada con su trabajo, porque sus responsabilidades terminan al marcar la tarjeta de salida. Y a Guadalupe le fascina el contacto con el público, mientras que María se eriza cada vez que ve entrar a los clientes por la puerta.

Ni tan siquiera el mismo trabajo es ideal en todo momento. A la prima Nancy le vino de perillas el trabajo de aeromoza cuando tenía 20 años, pero ahora, que tiene 27 y quiere fundar un hogar, le parece una verdadera maldición.

Para encontrar *el trabajo ideal para el momento en que se vive*, hay que estar segura de lo que se quiere y tener muy claro un orden de prioridades con respecto a lo que se está dispuesta a sacrificar o a empeñar de acuerdo con las condiciones personales en ese momento. Pero también hay que conocer con bastante exactitud qué promete y qué exige el puesto al que se aspira.

tarjeta de salida *time card* **se eriza** *hair stands on end* **le vino de perillas** le encantó **maldición** *curse* **empeñar** *to undertake*

¿CUALES DEBEN SER LAS CARACTERISTICAS DEL TRABAJO?

A la hora de buscar trabajo, hay que tomar en cuenta cuáles son las características que más se adaptan a nuestra personalidad y aspiraciones. Para ayudarla en el empeño, le ofrecemos una pequeña lista con puntos sobre los cuales reflexionar.

- Si los ingresos son fijos o dependen de su esfuerzo (como en el caso de las ventas).
- Si el sueldo y/o los beneficios son suficientemente buenos.
- Si está dentro del campo que a usted le interesa.
- Si tiene movilidad en cuanto a desplazarse hacia quehaceres que le gusten más.
- Si le da margen a su iniciativa y a su espíritu creador.
- Si ofrece posibilidades de ascenso y en cuánto tiempo.
- Si tiene que tratar con el público.
- Si puede realizar sola su labor o en colaboración estrecha con otros.
- Si tiene un horario fijo o flexible.
- Si el puesto exige que usted viaje.
- Si coloca una gran responsabilidad sobre sus hombros.
- Si el puesto existe desde hace tiempo.
- Si le confiere prestigio o no.
- Si le otorga poder.

estrecha *close* **colocar** *to place*

Ampliación de palabras

1. **Hogar.** La palabra **hogar** sugiere la idea de familia, de amor y calor humanos, mientras que **casa** se refiere específicamente al edificio donde se vive.

Comprensión

Decide si las siguientes frases son verdad o mentira y explica por qué según el artículo.

1. A Guadalupe y a María les gusta el mismo tipo de empleo.
2. La prima Nancy está muy contenta con el empleo de aeromoza.
3. Según la autora, lo que nos gusta en una época de la vida puede ser problemático en otra.
4. Según la autora, la suerte es lo más importante para encontrar el trabajo ideal.
5. Debemos buscar un puesto que se adapte a nuestro carácter.

Y tú, ¿qué piensas?

1. ¿Has tenido algún trabajo? ¿Qué te gustaba de ese empleo? ¿Qué no te gustaba? ¿Lo harías de nuevo (otra vez)? ¿Por qué?
2. ¿Trabajan tus padres? ¿Qué hacen? ¿Cuáles son los aspectos negativos y positivos de su trabajo?
3. Cuando eras niño, ¿trabajaba tu madre fuera de casa? ¿Cuáles eran los aspectos positivos y negativos de esa situación?

Actividades

A. El trabajo ideal. *La lista que viene a continuación enumera una serie de características que debería tener el trabajo ideal. Ordena la lista de acuerdo con tus prioridades personales. Luego la clase se dividirá en parejas. Pásale tu lista de prioridades a tu pareja. El o ella tratará de averiguar: 1) qué estudias; 2) si lo que estudias te permitirá encontrar ese trabajo ideal. Si tu compañero(-a) cree que debes escoger otra carrera te dirá por qué, basándose en tu lista de prioridades, y te sugerirá qué estudiar para encontrar un trabajo más apropiado.*

Para mí es importante . . .
_____ el prestigio
_____ beneficiar a la sociedad
_____ mucha variedad
_____ mucha creatividad
_____ mucho contacto con la gente
_____ un sueldo elevado (mucho dinero)
_____ un salario fijo (que no depende de comisiones)
_____ posibilidades de ascenso dentro de la compañía
_____ estímulo intelectual
_____ un horario flexible
_____ poder elegir donde vivir
_____ trabajar solo
_____ mucha responsabilidad

B. Diálogo. *En parejas, escojan una de las situaciones siguientes y representen un diálogo entre los personajes indicados.*

1. un marido que se opone a que su mujer trabaje fuera de casa.
2. un padre (una madre) y su hijo o hija que no quiere asistir a la universidad, sino trabajar de camarero(-a) en un bar
3. un padre o una madre muy conservador(a) y su hijo que se queda en casa con los niños mientras la mujer trabaja de ejecutiva.

VENDEDORES(AS)
MAYAGUEZ, PONCE, ARECIBO, METRO
PRODUCTOS: QUESOS, CARNES, CORTES FRIOS.
• EXPERIENCIA EN VENTAS SUPERMERCADOS, CASH & CARRY Y RESTAURANTS.
• BUENA PRESENCIA, PERSONALIDAD AGRADABLE.
• EXTROVERTIDO.
• AUTO EN BUENAS CONDICIONES.
ENVIAR RESUME AL:
G.P.O. BOX 4564
SAN JUAN, P.R. 00936

REPRESENTANTE MEDICO
SE SOLICITA CANDIDATO PARA CUBRIR PLAZA VACANTE
Se requiere preparación académica a nivel universitario, preferiblemente con concentración en Ciencias Naturales y buen dominio del idioma inglés. No necesita experiencia previa. Requisito indispensable ser residente de Mayagüez.
Si no cumple con este requisito favor no solicitar.
PARA ENTREVISTA FAVOR ENVIAR RESUME A:
REPRESENTANTE MEDICO
G.P.O. BOX 2984
San Juan, P.R. 00936

SECRETARIA ADMINISTRATIVA

Si tienes ese deseo incansable para progresar, esta es tu oportunidad.

Necesitamos una mano derecha, con la disposición y la iniciativa necesaria para asumir responsabilidades. Debe tener experiencia, ser completamente bilingüe, rápida en maquinilla y ser flexible en horario. Ofrecemos excelentes beneficios y condiciones de trabajo.

Favor de enviar "resumé" a:
Secretaria Administrativa
P.O. Box 503
Hato Rey, P.R. 00919

Compañía dinámica y en expansión solicita los servicios de:

PROGRAMADOR

Requisitos:
Experiencia en:
• Lotus • D Base III

Ofrecemos buen salario y beneficios marginales con oportunidades de desarrollo y crecimiento profesional.
Interesados favor enviar resumé a:
PROGRAMADOR
P.O. Box 2036
Hato Rey, P.R. 00919
"Patrono con Igualdad de Oportunidades de Empleo"

¿Para cuál de estos trabajos crees que estás preparado(-a)? ¿Cuáles requieren que seas bilingüe?

MAS ALLA

Entre dos mundos

Las relaciones entre profesores y estudiantes en las universidades y colegios hispanos varía mucho entre países. En algunos países, como en España y en la zona andina, esas relaciones son más formales que en Estados Unidos. Normalmente, las clases son mucho más grandes y el profesor no conoce a sus estudiantes; simplemente llega, dicta su conferencia° y se marcha. En otros países, sobre todo en el Caribe, la situación es muy diferente. Los profesores por lo general son mucho menos formales, y no es extraño encontrar a estudiantes y profesores tomando una taza de café juntos y hablando de política o deportes y charlando amistosamente.

conferencia° lecture

Una diferencia interesante entre el sistema hispano y el estadounidense es el horario. Muchas veces los profesores tienen otros empleos en la industria privada y, por lo tanto, pasan algunas horas del día fuera de la universidad. Por esa razón, es muy común tener clases por la tarde—

a partir de las cinco—o temprano por la mañana—a las siete o siete y media. En algunos países los estudiantes no están obligados a asistir a las clases ya que la participación en clase no cuenta para la nota. Esta depende del examen o trabajo final.

Palabras, palabras, palabras

A. *Termina la frase con una palabra apropiada.*

1. Muchos estudiantes no tienen suficiente dinero para pagar los derechos de ____________ . . .
2. . . . y tienen que trabajar o solicitar una ____________.
3. A mi primo lo ____________ en la materia de cálculo, y va a presentar el examen final otra vez en septiembre.
4. Irene sacó muy buenas ____________ en todas sus materias este año.
5. Mi hermano decidió estudiar la ____________ de leyes porque quiere ser abogado.
6. Mi madre es profesora en un colegio; ____________ matemáticas.
7. Los niños aprenden a restar y ____________ en la primaria.

B. *¿De qué otra manera se pueden expresar la palabras en bastardilla?*

1. Ana Teresa encontró *trabajo* en una compañía excelente.
2. *A mi juicio,* la matrícula debe ser gratuita para todos.

3. En algunos trabajos, *los ingresos* no son fijos y dependen totalmente de los esfuerzos del individuo.
4. Los estudiantes quieren sacar buenas *calificaciones* en sus exámenes.

C. *Completa el párrafo, utilizando las siguientes palabras y haciendo cualquier cambio necesario para la concordancia. Cada palabra se usa sólo una vez.*

beca, carrera, gratuito, materia, matrícula, preocuparse, préstamo

En Estados Unidos, si un(a) estudiante no tiene suficiente dinero para pagar la __________, puede solicitar una __________ o un __________ del banco. Al contrario, en los países hispanos la educación es estatal y __________. Las __________ académicas son muy poco flexibles y el (la) estudiante tiene que aprobar todas las __________ que exige su campo de estudios. No __________ tanto por las calificaciones, porque el promedio académico no tiene el mismo significado que en las universidades norteamericanas.

Para expresarse

Entrevista. *Entrevista a un(a) hispano(-a) y pregúntale las diferencias entre el sistema educativo de su país y el de Estados Unidos. Usa algunas de las siguientes preguntas, pero escribe además otras preguntas para la entrevista.*

1. En su país, ¿se usa el sistema de créditos como en E.U.?
2. ¿Puede un(a) estudiante escoger sus clases o debe seguir un programa de estudios rígido en la universidad?
3. ¿Estudian muchas mujeres en la universidad? ¿Cuál es la reacción de la gente ante la mujer que estudia? ¿y ante la que trabaja?
4. ¿Cuántas horas al día estudia un alumno normal en su país? ¿Cuántas clases toman? ¿Son clases de un semestre o de un año?
5. ¿Es fácil sacar buenas notas (sobresaliente) o no? ¿Es común no aprobar alguna materia?

Diario

En tu diario, enumera las materias que sigues este semestre. Luego describe cuáles son tus objetivos tanto académicos como de trabajo. ¿Por qué has escogido estos objetivos? ¿Cuáles son los valores sobre la educación que tiene tu familia? ¿Cómo han influido sobre tu decisión de estudiar y sobre tu carrera? ¿Qué crees que será importante para ti en tu trabajo futuro?

Mi diario

CAPITULO 6

¡A tu salud!

- Expresiones sobre la salud
- Maneras de dar consejos

I. ¿COMO SE DICE?

Expresiones sobre la salud

No hay duda de que sentirse mal *(to feel ill)* es una experiencia que a nadie le gusta. ¡Imagínate cómo puedes sentirte si te enfermas en un país extranjero! Cada cultura tiene una actitud diferente frente a los médicos y a la medicina. Por eso, es muy importante comprender no solamente las palabras que se refieren a problemas de la salud, sino las actitudes culturales ante esos problemas.

Más preguntas y respuestas

• ¿Qué síntomas tienes?	• Tengo diarrea. dolor de cabeza. dolor de muelas. fiebre (temperatura).
• Te veo decaído(-a), ¿qué te pasa?	• Tengo gripe.[1] una fuerte indigestión. una tos crónica. un catarro (resfriado). una resaca.[2] Me torcí (me disloqué) un tobillo. Me siento con náuseas. débil. mareado(-a).

VOCABULARIO ACTIVO

dislocarse — *to sprain*
doler (ue) — *to hurt*
estar operado — *to be operated on*
fumar — *to smoke*
romperse — *to break (a bone)*
torcerse (ue) — *to twist*
vacunar — *to vaccinate*

(el) constipado[3] — *head cold*
(el) dolor — *pain*
(la) espalda — *back*
(la) garganta — *throat*
(la) gripe[1] — *flu*
(el) hipo — *hiccups*
(la) muela — *molar*
(las) muletas — *crutches*
(la) quemadura — *burn*
(la) resaca[2] — *hangover*
(la) sangre — *blood*
(el) tobillo — *ankle*
(la) tos — *cough*
(la) vacuna — *vaccine*

decaído(-a) — *run down*

Ampliación de palabras

1. **Gripe.** Tal vez la enfermedad más común del mundo sea la gripe que cada año afecta a una gran cantidad de personas. Es normal que una enfermedad tan corriente reciba muchos nombres distintos, dependiendo del país y también de la gravedad de los síntomas. Así, por ejemplo, tenemos **catarro, resfriado, resfrío,** cuando la enfermedad no es muy grave. Por el contrario, tenemos **monga, trancazo, dengue** cuando nos afecta seriamente.

2. **Resaca.** La palabra **resaca** quiere decir, literalmente, lo que el mar deja sobre la playa. Tal vez por esto se use también para referirse a cómo nos sentimos el día después de una fiesta en la que se han servido muchas bebidas alcohólicas. Hay varias maneras de referirse a este estado: **tener** o **coger una cruda, andar crudo(-a), tener un ratón, estar** o **andar chuchaqui.**

3. **Constipado.** En España **constipado** quiere decir **resfrío.** En otros países de Hispanoamérica, sin embargo, esta palabra significa lo mismo que la palabra inglesa *constipated* o **estreñido** en español. Esto se presta a humorísticas confusiones y malentendidos.

Actividades

A. **Encuesta de salud.** *Haz una encuesta entre los estudiantes de tu clase y encuentra una persona que pueda firmar su nombre delante de cada descripción. No te olvides de incluir a tu profesora o profesor.*

________________________ ha sido operado en los últimos cinco años.

________________________ ha usado muletas por más de tres días.

________________________ lo (la) han operado de las amígdalas *(tonsils)*.

________________________ tiene sangre del grupo A.

A ______________________ le gusta ir al dentista.

________________________ toma vitaminas todos los días.

_______________ no ha tenido sarampión *(measles)*.

_______________ corre todos los días.

_______________ quiere ser médica(-o).

_______________ dejó de fumar.

A _______________ le sacaron un diente.

_______________ lo (la) vacunaron recientemente.

B. Dígame dónde le duele. *Trabajen en parejas. Uno representará el papel de un médico y el otro el del paciente. Prepara una lista de preguntas que crees que vas a necesitar para diagnosticar la enfermedad. El paciente debe imaginar una enfermedad o un problema físico específico al responder a las preguntas del médico. Después de terminar la visita, intercambien papeles y repitan la actividad.*

PARA PENSAR

VOCABULARIO ACTIVO

señalar indicar, mostrar
tener en cuenta considerar

(el) castellano[2] *el español*
(la) enfermera *nurse*
(el) medicamento la medicina, el remedio
(la) receta médica[1] *prescription*

El siguiente artículo apareció en la revista española ***Cambio 16.***

Morir por curarse

Es peor el remedio que la enfermedad. Este refrán castellano está de actualidad en algunos países europeos, entre ellos España, donde el excesivo consumo de medicamentos produce numerosos accidentes y enfermedades graves.

Con frecuencia no se tiene en cuenta el efecto de la interacción de los medicamentos que se toman juntos. Algunos inhiben o anulan la acción de otros, o por el contrario se potencian entre sí. En España no hay estadísticas reales, pero cada persona que visita al médico sale con una media de tres a cuatro recetas en la mano. En Francia, el cuerpo médico firma diariamente seiscientas mil recetas.

Un reciente estudio del profesor Jacques Dangoumau, del hospital de Bordeau (Francia) señala que al menos 18 millones de esas recetas son «peligrosas» y 55 millones «ilógicas».

Pero esto no sólo ocurre en Europa. En USA una de cada siete camas de hospital están ocupadas por pacientes con enfermedades yatrógenas (intoxicaciones provocadas por medicamentos).

La Organización Mundial de la Salud señala que en el mundo hay un 2,9 por 100 de muertes por esta causa.

inhiben reducen **anulan** cancelan **se potencian** aumentan **el cuerpo médico** los doctores

Ampliación de palabras

1. **Receta.** Esta palabra tiene dos significados en español. Cuando vas al consultorio (la oficina) de un doctor, te dan una receta para que compres tus medicinas. Pero si quieres aprender a preparar un plato en la cocina, también necesitas una receta que te explique cómo hacerlo y te indique los ingredientes.

2. **Castellano.** España está compuesta por varias regiones, cada una con su diferente cultura, tradiciones e idioma. La lengua que se impuso como idioma oficial del país fue la de una de estas regiones: Castilla. Por eso, en muchas ocasiones nos referimos a la lengua que estudiamos como **castellano** en vez de **español.**

Comprensión

Según el artículo, ¿cuáles de las siguientes frases son falsas y cuáles verdaderas?

_____ **1.** En los países europeos la gente consume pocos medicamentos.
_____ **2.** Algunos remedios anulan la acción de otros.
_____ **3.** En España las estadísticas concluyen que los médicos firman más de seiscientas mil recetas diarias.
_____ **4.** El uso excesivo de medicamentos es un problema grave en Estados Unidos.
_____ **5.** Las enfermedades yatrógenas son raras en Estados Unidos.
_____ **6.** La organización mundial de la salud confirma que casi un 3 por ciento de muertes en el mundo son causadas por medicinas.

Y tú, ¿qué piensas?

1. ¿Cuál es tu actitud ante los médicos y las medicinas?
2. Muchas personas creen que la mejor manera de curarse es tomando solamente productos naturales que contienen vitaminas, minerales y otras sustancias que nos protegen de las enfermedades. ¿Qué piensas de la medicina natural y por qué?
3. Si estuvieras enfermo, ¿aceptarías medicamentos de tus amigos? ¿Por qué o por qué no?
4. Cuando estás enfermo, ¿vas al médico inmediatamente o esperas unos días? ¿Tomas medicinas o prefieres esperar a que la enfermedad se cure sóla? Explica tu respuesta.
5. ¿Has tenido alguna vez una reacción alérgica a una medicina? Describe tu experiencia.

Actividades

A. **En el consultorio del dentista.** *Fuiste al dentista porque tenías dolor de muelas. Te dijo que se te había caído un empaste* (a filling) *y tenía que reponerlo. El (o ella) te dijo también que prefería no ponerte anestesia. Tú, en cambio, tienes horror al dolor y sin duda quieres anestesia. La enfermera está más o menos de acuerdo contigo. En grupos de tres, representen una conversación posible entre estas personas.*

B. **¿Vanidad o necesidad?** *Como lo sugiere el anuncio de la página 117, la medicina moderna permite corregir defectos físicos y mejorar la apariencia de una persona. Divídanse en dos grupos: uno que esté de acuerdo con la decisión de la mujer de la foto y otro que esté en contra. El grupo a favor debe preparar una lista de los beneficios de la cirugía plástica. El grupo en contra preparará una lista de los problemas que produce. Por último, cada grupo tratará de convencer a los miembros del grupo opuesto.*

C. **Un cambio de apariencia.** *Mira la siguiente lista y decide a cuáles tratamientos te someterías. Luego, en pequeños grupos compara los tratamientos que has elegido con los de tus compañeros. Pregúntales por qué eligieron ese procedimiento y discute con ellos sus razones.*

el trasplante de pelo
la cirugía plástica facial
el uso de lentes de contacto de color
las coronas *(caps)* en los dientes
el uso de esteroides para mejorar el rendimiento *(performance)* atlético

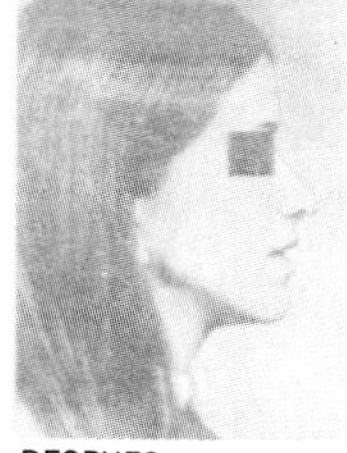

Centro Profesional de Cirugía Plástica

Con Cirugía plástica puede mejorar su apariencia y su proyección social. Llame para más información.

¿A usted no le gusta la apariencia de su nariz?
¿Tiene problemas al respirar por la nariz?
¿Se ha lastimado la nariz?

Si contesta afirmativamente a alguna de estas preguntas, llámenos ahora mismo

E.L.A. (213) 267-1444 | W. HOLLYWOOD (213) 659-3012 | SAN FERNANDO VALLEY (818) 906-8117

CONSULTA GRATIS

SE ACEPTARA EL SEGURO APROPIADO

II. ¿COMO SE DICE?

Maneras de dar consejos

Las enfermedades son un tema de conversación muy popular en todos los países. Por lo general, la gente siempre tiene algún consejo o anécdota para contarte. Algunos cuentan tragedias y catástrofes ocurridas en un hospital, otros te hablan de los remedios caseros de la abuela, o la recuperación milagrosa de un primo, o de la última dieta revolucionaria. Es útil, en estos casos, conocer las muchas expresiones y fórmulas para dar consejos.

VOCABULARIO ACTIVO

aconsejar	*to advise*
consultar	
descansar	*to rest*
sugerir (ie)	*to suggest*
tomar (echar) una siesta	*to take a nap*
desabrigado(-a)	sin abrigo o ropa adecuada
sano(-a)	que no está enfermo; saludable
Deberías (debería) . . .[1]	*You should . . .*
Te (le) aconsejo que . . .[1]	*My advice to you is . . .*
Te (le) recomiendo que . . .[1]	*I recommend that you . . .*
Te (le) sugiero que . . .[1]	*I suggest that you . . .*

Ampliación de palabras

1. **Te aconsejo que tomes . . .** Cuando das consejos, normalmente usas expresiones como **te recomiendo que . . . , te sugiero que . . . , te aconsejo que. . . .** Estas expresiones van seguidas de un verbo en subjuntivo.

Actividades

A. Primeros auxilios. *Un amigo o una amiga te llama porque tiene un problema médico. No sabe qué hacer y te pide consejos. En parejas, representen el papel de las dos personas. Elijan un problema de la siguiente lista o inventen su propio problema. Cuando terminen la conversación, cambien de papel.*

Tienes la garganta irritada.
Tienes una ampolla *(blister)* en el talón *(heel).*
Tienes una quemadura de sol.
Tienes una astilla *(splinter)* en la mano.
Te duele la espalda.

B. Mi tia siempre decía .... *Muchas enfermedades y pequeños problemas de salud tienen remedios tradicionales que pasan de generación en generación. Antes de venir a clase, piensa en algunos de estos problemas (como el hipo, la resaca, etcétera) y las maneras de curarlos (por ejemplo, contener la respiración o tomar un vaso de agua de golpe). Piensa también en algunas creencias que tenemos sobre la salud; por ejemplo, si te mojas los pies te resfriarás, o la creencia hispana de que el aire de la noche es malo para la salud. La clase preparará una lista de estos pequeños problemas, sus curas y las creencias populares sobre la salud. Finalmente, la clase analizará estas listas. ¿Cuál es tu reacción ante estas ideas? Explica por qué crees o no en ellas.*

PARA PENSAR

VOCABULARIO ACTIVO

adelgazar[1]	perder peso
pesar	to weigh
(la) estatura	la altura
(el) éxito	*success*
delgado(-a)	flaco(-a)
sencillo(-a)	simple, fácil
hoy (en) día	ahora

El anucio que sigue fue publicado en la revista española ***Hola.***

María Isabel Gómez Ferrer

Cómo perdí 22 kilos con el UN, DOS, TRES ADELGAZANTE,

sin aumentar después ni 100 gramos.

No podía quedarme así

Todo empezó por casualidad. En enero del año pasado, después de Reyes, estaba más gorda que nunca. Entonces pesaba 78 kilos y jamás me había encontrado tan pésima. Trabajaba en una boutique y una mañana entró una clienta a quien conocía muy bien. Casi ni la reconocía. En un par de semanas «había cambiado totalmente», parecía otra, tan delgada y estilizada. Cuando vio mi mirada llena de sorpresa, exclamó: «¿Crees que me han cambiado, no? Pues, así es, he perdido 18 kilos en tres semanas.»
Y continuaba mirándome de cabeza a pies:
«¡Tú también tendrás que probar mi método. Eres tan joven que no puedes quedarte así!»
Me puse colorada y ella me dijo: «Si quieres, te doy la dirección donde se puede pedir este método. El UN, DOS, TRES, ADELGAZANTE.

Decidí probar este método especial

Aquella misma noche, estuve mirando una película muy mala en la televisión y pensaba en todo lo que había probado en los últimos diez años: productos para quitar el hambre, gimnasia, incluso yoga y acupuntura...todo, para esta realidad: pesar 78 kilos a los 27 años de edad. El ejemplo de mi clienta me decidió. Me levanté, busqué la dirección que me había dado y les escribí para pedirles el método UN, DOS, TRES ADELGAZANTE. Adjunté un cheque y aquella misma noche eché mi cupón al buzón de correos.

Para mí, ha sido una revelación

Bueno, ustedes saben lo que ha pasado, pueden publicar incluso todo lo que ha ocurrido en su artículo. Yo estoy muy orgullosa de lo sucedido.
A los diez días, recibí su método en embalaje neutro, muy discreto.
No me hubiera gustado que en casa estuviesen al tanto de lo que iba a experimentar. Cuando abrí el paquete, observé que no se trataba de medicamentos, ni de una dieta pesada, sino de una composición de hierbas selectas naturales que te quitaban peso, ya desde el tercer día y que por esto se llamaba UN, DOS, TRES ADELGAZANTE. Los medicamentos desconocidos no me gustan y los ingredientes del UN, DOS, TRES ADELGAZANTE, me gustaban mucho más: Aloe Vera y extracto de ananás. Hierbas naturales de plantas medicinales que no pueden hacer ningún daño. Es así: cuando estás demasiado gorda y has probado muchas cosas para perder peso, es muy interesante probar otra cosa a base de productos naturales. Además, te devuelven su precio de compra, en el caso de que no obtengas el resultado deseado.
En pocas palabras: comencé muy bien con el UN, DOS, TRES ADELGAZANTE.
Dos kilos de menos, en el primer fin de semana. Un comienzo con éxito. Empecé un sábado por la mañana con el método y me acuerdo muy bien que había invitado a mis suegros a cenar. Preparé la cena como habitualmente hago y cuando me pesé el lunes por la mañana ya había perdido 2 kilos. Y normalmente siempre gano peso los fines de semana. ¡Estaba encantada!

Seis kilos en los siguientes días

Continué toda la semana con el método. Era tan sencillo, que no podía creer en el resultado. Imagínate: ya había perdido seis kilos, alrededor de un kilo diario y sin pasar hambre. Tenía la impresión de estar menos cansada. Me levantaba con mayor facilidad y de buen humor, incluso mi marido lo notaba. Como no trabajo los lunes, aquel día saqué unas cajas de ropa que me había quedado pequeña. Pesaba ocho kilos de menos y se notaba mucho. Los pantalones y jeans que durante años no había podido llevar, ahora me iban muy bien de talla. ¡Me sentía muy contenta!

10 kilos y seguía perdiendo peso

La segunda semana, seguía perdiendo peso. Alrededor de un kilo cada dos días y luego me estabilicé. Ya no era la misma. Me paraba delante de todos los escaparates de tiendas de modas y con alegría miraba mi figura reflejada en los cristales. ¡Cómo había cambiado en dos semanas!

En 3 semanas, 15 kilos

A las 3 semanas, había perdido nada menos que 15 kilos. Nunca me había puesto tan alegre en la báscula: ¿Podéis imaginaros? De verdad, jamás pensé que lograría ser tan esbelta.
Y ahora con este método tan sencillo como el UN, DOS, TRES ADELGAZANTE, lo había conseguido en un mes. Cuando acabé con el método, aún perdí un par de kilos y luego mi peso se estabilizó en 55 kilos. Desde hace un año, no he subido ni 100 gramos. Creo que ahora he conseguido mi peso ideal.

Reyes el 6 de enero **estilizada** *svelte* **mirada** expresión **eché . . . correos** *I mailed my coupon* **escaparates** *shop windows*

Ya no quiero perder más peso. No sé porqué, pero su método me ha cambiado pòr completo. Puedo comer lo que quiero y no gano peso. Por fin, he conseguido la figura de mis sueños y creo que siempre quedará tal como soy ahora. Me siento mejor que nunca y le diré algo en confianza: mi marido y yo nunca estuvimos tan enamorados. Incluso mi hija de 7 años, está orgullosa de mí.

No hay mejor sistema de adelgazamiento

María Isabel Gómez Ferrer lo ha comprobado. Compruebe usted también que puede comer lo que quiera durante el tiempo que tome las hierbas naturales del sistema UN, DOS, TRES ADELGAZANTE. Y a pesar de esto usted perderá 5 kilos por semana hasta llegar a su peso ideal. Y lo mantendrá siempre.

Lea lo que nos escriben

Cada día recibimos numerosas cartas de mujeres y hombres, jóvenes y de edad media. Personas que han adelgazado 10, 15 e incluso 20 kilos o más.
Gente que nos da las gracias por el método, UN, DOS, TRES ADELGAZANTE. Una confirmación de la actuación sorprendente del método UN, DOS, TRES, ADELGAZANTE que no se parece a ningún otro adelgazante. Léalo usted mismo:

COMO MARIA ISABEL GOMEZ FERRER, DA TESTIMONIO DE SU EXITO CON UN, DOS, TRES ADELGAZANTE

¡He perdido 10 kilos!
Mis hijos decían: mamá, te has quedado mucho más delgada y mis amigas también se han dado cuenta que mi presencia ha mejorado mucho. Me alegra más, de lo que pueda decir, pues tengo ya 62 años.
Josefa Martínez Gil, Córdoba.

Mi marido ha adelgazado 18 kilos y come tanto como siempre lo ha hecho. De 90 kilos ha llegado a pesar 72. Fuimos de vacaciones y yo pensaba: es un sueño, ahora de nuevo pesará 90 kilos o más. Pero no: Alfonso todavía pesa 72 kilos después de tres meses.
Isabel Lafuente Irún, Madrid.

Ya no tengo esta pronunciada barriga. Me siento muy bien, más joven, alegre y en plena forma. Perdí 12 kilos y lo considero suficiente.
Paloma Planas Pujol, Barcelona.

Este método es sorprendente. He perdido 10 kilos en 2 semanas. Fantástico.
María Cinta Ramírez Santiago, Valencia.

Usted también perderá peso muy rápido y para siempre

No piense más en todos los kilos que le sobran, que le obsesionan y que le evitan ser usted misma. Haga usted como María Isabel Gómez y miles y miles de consumidores de UN, DOS, TRES ADELGAZANTE. Sí, ha llegado el momento de ser esbelta de verdad y le aseguramos que usted perderá 5 kilos por semana sin medicamentos, comiendo todo lo que le gusta.

Aproveche ahora esta oferta con GARANTIA TOTAL

Dentro de un mes, usted habrá conseguido su peso ideal. Todo ello, le habrá costado sólo 2.950 pts. Si no está contenta del resultado, devuélvanos por correo certificado, el envase y la etiqueta de envío del reembolso. Nosotros le remitiremos un cheque por el importe del producto que usted ha pagado.

NUNCA LE SERA MAS FACIL ADELGAZAR

UN, DOS, TRES ADELGAZANTE, es un producto exclusivo de: ELINE IBERICA, BARCELONA, Tel. (93) 204 11 82.

«Por fin he llegado al peso de mis sueños: 55 kilos. Durante todo un año, no he aumentado ni 100 gramos. Todas mis amigas dicen que puedo ser maniquí.»

CUPON DE PEDIDO (Garantizado)

Rellene y envíe a **ELINE IBERICA**
C/. Dalmacia, 8 Bajos 08034. BARCELONA

SI, quiero probar UN, DOS, TRES ADELGAZANTE, con su garantía total (90 días) mediante:

☐ Cheque ☐ Prefiero pagar contra reembolso de 2.950 pts. (IVA incluido)

123 HOLA 2

Nombre ....
Dirección ....
Código postal (imprescindible) .... Población ....
.... Provincia ....

comprobado probado **barriga** estómago grande **el envase . . . reembolso** *the package and shipping papers*

Ampliación de palabras

1. **Adelgazar.** Hoy en día una de las cosas que más nos obsesiona es mantenernos delgados y si no lo somos, bajar de peso hasta lograr la figura ideal. Por eso, hay varias palabras y expresiones para expresar esta idea:

   estar o **ponerse a dieta; estar** o **ponerse a régimen; seguir un régimen** o **una dieta; adelgazar; perder peso; rebajar**

Comprensión

1. ¿Cuánto pesaba María Isabel antes del tratamiento?
2. ¿Por qué decidió María Isabel pedir **Un, dos, tres adelgazante**?
3. ¿Había probado otros métodos para adelgazar?
4. ¿Cuántos kilos perdió?
5. ¿Cómo ha cambiado su vida después del tratamiento?
6. ¿Qué resultados garantiza el producto?
7. ¿Cuáles son las dos formas de pago?

Y tú, ¿qué piensas?

1. ¿Conoces a alguien que haya pedido un tratamiento similar? ¿Qué pasó?
2. El testimonio es un método muy utilizado en los anuncios publicitarios. ¿Puedes pensar en otros ejemplos donde se usen testimonios con fines comerciales? ¿Te pareció convincente el testimonio de María Isabel? ¿Por qué?
3. De acuerdo con múltiples encuestas, cerca de 80 millones de norteamericanos están hoy a dieta. Entre ellos, 34 millones son obesos. El resto hace dieta para mantenerse en forma, para perder algunos kilitos de más o por problemas médicos. ¿Has estado a dieta alguna vez? ¿Qué te impulsó a comenzar una dieta? ¿Por qué crees que hay tanta obesidad en la sociedad?
4. A menudo es difícil cambiar ciertos hábitos. El papá de Mafalda tiene grandes planes con respecto a su futura dieta y acondicionamiento físico. Sin embargo, al pensar en todos los cambios necesarios para lograr

su objetivo, el hombre pierde su entusiasmo inicial. ¿Qué puedes hacer para evitar el desaliento *(discouragement)* cuando decides mejorar tu condición física y hábitos alimenticios?

Quino

Actividad

¡Me dio un resultado fantástico! *En grupos de tres o cuatro personas, elijan un producto de la lista que sigue y escriban un testimonio sobre su experiencia imaginaria con ese producto y preséntenlo a la clase. ¿Cuáles de las presentaciones te parecen más eficaces? ¿Por qué?*

Maxipelo—favorece el crecimiento del cabello
Musculín—desarrolla todas las masas musculares
Bustilínea—aumenta el busto sin ejercicio
Frescor—deja el aliento *(breath)* fresco
Cabeza y Hombros—hace desparecer la caspa *(dandruff)*
Nunca Más—elimina el deseo de fumar para siempre
Lisafaz—previene las primeras arrugas *(wrinkles)*
Huelebién—acaba con el desagradable olor de pies

PARA PENSAR

VOCABULARIO ACTIVO

abusar (de)	usar en exceso
chismear	hablar sobre la vida privada de una persona; *to gossip*
contar (ue)	narrar; decir una historia

hacer caso	prestar o poner atención
negarse (a)	*to refuse*
reconocer (zc)	aceptar
terminar mal	*to come to a bad end*
tratarse de	*to be about*
(el) abuso	el uso excesivo
(el) apoyo	*support*
(el) borracho[1]	el alcohólico
(el) chisme	lo que cuenta la gente al chismear
(el) compadre[2]	(lit.) *godfather*; (fig.) amigo íntimo
(las) malas lenguas	personas que chismean
(la) tira cómica	*comic strip*
(la) tirilla	tira cómica
embriagado (-a)	borracho
saludable	*healthy*
¡salud![3]	*to your health; cheers*

Condorito

La tira cómica Condorito, creada por el caricaturista chileno Pepo, es una de las más populares de Hispanoamérica. El personaje principal, Condorito, vive en Pelotillehue, un pueblo imaginario. Este personaje cambia constantemente de identidad: puede ser lo mismo un millonario que un mendigo *(beggar)*. Pepo ha creado así una síntesis de las características positivas y negativas de la vida diaria hispanoamericana. La siguiente tirilla trata del problema del alcoholismo.

un borracho perdido *a hopeless drunk*

Ampliación de palabras

1. **Borracho. Ser un borracho** quiere decir **ser un alcohólico** pero **estar borracho** es un estado pasajero que no indica necesariamente dependencia o adicción. Cada país hispano tiene varios términos diferentes para indicar que una persona ha bebido. **Estar tomado(-a), estar bebido(-a), estar mareado(-a), estar trompa** son algunas de las expresiones que indican el estado de embriaguez o borrachera.
2. **Compadre. Cumpa** es una versión abreviada de la palabra **compadre.** El **padrino** *(godfather)* o la **madrina** *(godmother)* de un niño actúan como los segundos padres. De ahí que el padre y el padrino se llamen **compadres** y la madre y la madrina, **comadres.** También, se puede usar la palabra **compadre** o **comadre** para referirse a un amigo o una amiga íntimo(-a), como lo hacen Condorito y su amigo.
3. **¡Salud!** Se usa para hacer un brindis (cuando dos o más personas levantan sus copas y las juntan antes de beber). También se dice **¡Salud!** cuando una persona estornuda *(sneezes).*

La siguiente carta al editor apareció en una revista semanal.

El uso y el abuso del alcohol

Estimado Editor:

Le escribo esta carta para protestar la decisión de la revista de imprimir° anuncios de bebidas alcohólicas. Desde las épocas más remotas el ser humano ha usado y abusado del alcohol. Hoy reconocemos que el alcoholismo es una enfermedad y que sus víctimas necesitan nuestro apoyo y ayuda. Desgraciadamente, muchos alcohólicos se niegan a aceptar que tienen un problema. El alcoholismo no sólo afecta al que bebe, sino también a los que lo rodean°. Esto lo digo por experiencia, pues mi esposo se dio a la bebida° hace quince años. Mis hijos y yo sufrimos las consecuencias de su enfermedad: sus cambios de humor, su irritabilidad o su euforia, su violencia contra mí y contra los niños. Ahora mi esposo está cumpliendo una condena de diez años en prisión a causa de un accidente que tuvo mientras estaba embriagado. El alcohol ha destruido nuestras vidas y las de millones de personas en el mundo. Sin embargo, publicaciones como la suya insisten en mostrar el alcohol como un símbolo de poder, de autoridad y de riqueza. Estos anuncios muestran parejas felices y saludables con una copa en la mano y sonriendo con placer. Creo que es el deber de todo ciudadano, y en particular de la prensa°, de advertir al púb-

print; publish

los . . . *those around him*

se . . . *turned to drinking*

press

lico sobre el peligro del alcohol y no crear mitos irresponsables sobre este veneno° de nuestra sociedad.

poison, venom

Nora Echeverría

Comprensión

Completa las frases siguientes basándote en la lectura.

1. La revista recientemente decidió ____________________.
2. Según la Sra. Echeverría el abuso del alcohol afecta ________________ ________ y ____________________.
3. Hace quince años, su marido comenzó a ____________________.
4. A causa de un accidente, su marido ____________________.
5. En los anuncios, la gente que bebe aparece como ____________________.
6. La Sra. Echeverría quiere que los periódicos ____________________.

Y tú, ¿qué piensas?

1. Describe algunos de los problemas asociados con el alcohol en tu universidad.
2. ¿Conoces a alguien que tome demasiado? ¿Cómo afecta el alcohol su manera de comportarse?
3. Algunas personas creen que el alcohol es una droga peligrosa. ¿Cuál es tu opinión sobre el asunto? ¿Crees que el alcohol debe prohibirse?
4. ¿Qué crees que deberían hacer los padres de un(a) joven que está bebiendo en secreto? ¿Si su hijo tiene a) trece años? b) veintiún años?
5. ¿Cómo debe ser castigado *(punished)* un conductor embriagado?
6. El amigo de Condorito cree que es más aceptable tomar alcohol por la noche que por la tarde. ¿Cuál es tu opinión sobre esto?

Actividad

¿Bebidas alcohólicas en la universidad? *En grupos, representen la siguiente situación:*

Los administradores de una universidad se reúnen con representantes estudiantiles para discutir el establecimiento de unas reglas bastante severas sobre el consumo de bebidas alcohólicas en las residencias, en las competiciones deportivas, etcétera.

Algunos de ustedes harán el papel de los administradores y otros el de los representantes estudiantiles. Deben preparar una lista de sus argumentos y propuestas antes de reunirse.

MAS ALLA

Entre dos mundos

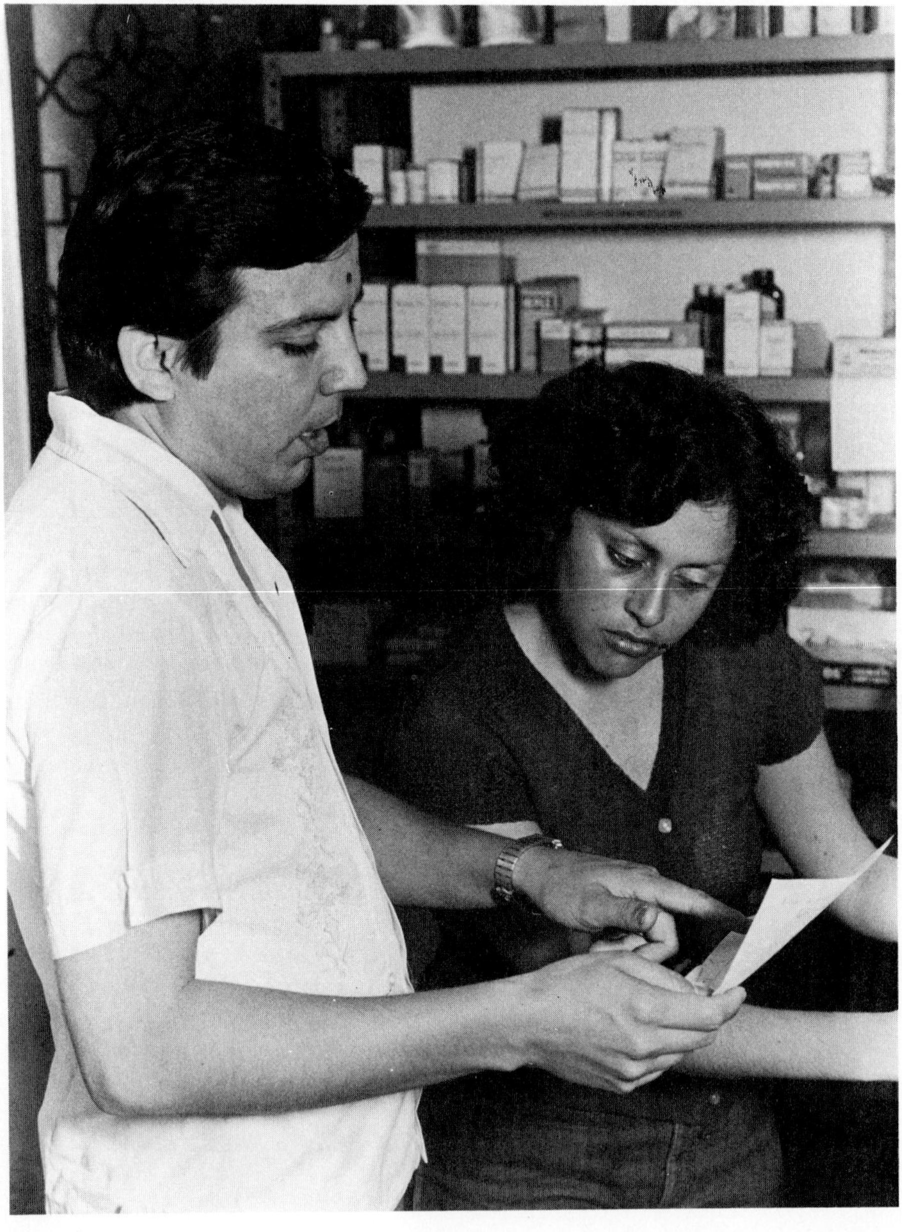

Un farmaceútico hispano

La medicina natural, basada en extractos de plantas y substancias procesadas naturalmente, es muy popular en Hispanoamérica. Cuando una persona se siente mal, muchas veces no va al médico sino que trata de curarse por su cuenta° usando infusiones de yerbas u otros remedios tradicionales. Otra alternativa a la visita al médico consiste en ir directamente a la farmacia. Las farmacias hispanas tradicionales son muy diferentes de las farmacias en Estados Unidos, pues en ellas se venden solamente medicinas. Además, en los países hispanos se pueden comprar muchos más medicamentos sin receta. Es bastante normal que una persona enferma vaya a una farmacia y le pida al farmacéutico que le recomiende algo para curarse. En los países hispanos, como en Estados Unidos, un paciente tiene alternativas. La homeopatía, la medicina natural, la acupuntura y la medicina tradicional coexisten como diferentes métodos para tratar enfermedades o síntomas.

por . . . *on his or her own*

Palabras, palabras, palabras

A. *Cambia el orden de las letras de la columna izquierda para formar una palabra relacionada con una enfermedad o síntoma. Cada frase en la columna de la derecha te ayudará a descifrar la palabra correspondiente. Después de adivinar las siete palabras, toma todas las letras que están dentro del círculo y forma dos palabras más. (Ayuda: es algo que todos deseamos.)*

1. pigre _ _ _ _ (_) — una enfermedad muy común en el invierno
2. sto _ _ (_) — un síntoma del resfrío o la pulmonía
3. casaer _ _ _ _ _ (_) — el castigo por beber demasiado
4. maqueruda _ (_) _ _ _ _ (_) _ _ — el resultado de tocar algo caliente
5. befire _ _ _ (_) _ _ — cuando tienes temperatura elevada
6. neostigindi _ (_)(_) _ _ _ _ _ _ _ _ _ — un malestar del estómago
7. maplaol (_) _ _ _ (_) _ _ — el resultado de usar zapatos muy chicos

_ _ _ _ _   _ _ _ _ _

B. *Busca una posible cura que corresponda a cada enfermedad.*

1. un dolor de cabeza
2. la gripe
3. quemaduras del sol
4. la garganta irritada
5. la indigestión
6. el tobillo torcido
7. el hipo
8. una ampolla
9. dolor de espalda
10. una resaca
11. un resfriado

a. no comas comidas pesadas; toma un efervescente
b. bebe un vaso de agua sin respirar
c. desinféctalo y véndalo (*bandage*)
d. toma una aspirina
e. bebe una taza de té con miel
f. quédate en la cama; no levantes objetos pesados
g. ponte una crema para la piel
h. toma dos aspirinas y bebe jugo de naranja
i. aplica una bolsa de hielo
j. quédate en la cama y bebe mucho líquido; si la fiebre persiste llama a la doctora

C. *¿De qué otra manera pueden expresarse las palabras en bastardilla?*

1. Es inútil *dar consejos* sobre la salud a quien no quiere cuidarse.
2. Cuando volví de mis vacaciones tenía un tremendo *resfriado.*
3. *¿Qué tienes?* Te ves muy pálido.
4. *Te recomiendo* que dejes de fumar si quieres participar en el maratón.
5. Si uno quiere *bajar de peso* necesita evitar la grasa y hacer ejercicio.
6. Alfonso está muy *flaco* porque trabaja mucho y come poco.
7. Es muy peligroso conducir cuando uno está *embriagado.*

Para expresarse

A. Anuncios médicos. *Como lo sugieren los anuncios de las páginas 131–134, en ciertas partes de Estados Unidos las clínicas e institutos médicos, así como los doctores, escriben en español los anuncios que dirigen hacia la población hispana. Con uno o dos compañeros escribe un anuncio similar para la radio o la televisión. Presenta, junto con tu grupo, el anuncio al resto de la clase.*

B. Cuestionario. *En grupos de tres o cuatro escriban un cuestionario médico. Pueden incluir los temas siguientes en su lista.*

alergias, grupo sanguíneo, hábitos alimenticios, operaciones, extracciones de muelas

Si es posible utilicen el cuestionario para entrevistar a un hispanohablante de la comunidad. Si no es posible, entrevisten a un miembro de la clase.

AVISO!
8 Señales de Peligro

¡AVISO!
8 Señales de Peligro

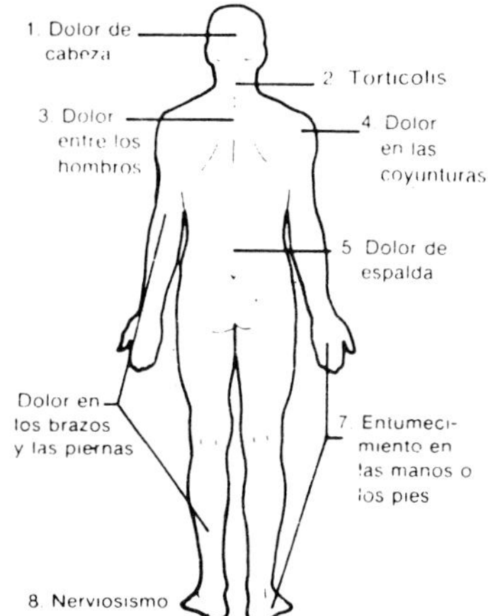

¿Sufre USTED dolores de cabeza, torticolis, dolor entre los hombros, dolor de espalda, dolor en los brazos o las piernas, manos pies dormidos, o nerviosismo? Éstas son **8 señales de peligro** que indican que algo anda mal y generalmente muestran que el que las sufre necesita ver un doctor quiropráctico. Dolores de cabeza constantes pueden ser una señal de aviso de nervios irritados en la base de la cabeza que puede resultar en algo más serio.

Nerviosismo, del que todos sufrimos alguna vez, es también un aviso. Su persistencia es una señal inequívoca de que algo no va bien. Su quiropráctico está entrenado para detectar este desagradable visitante y acortar su desagrabable visita lo antes posible.

Torticolis es una indicación segura de que el flujo normal de energía de los nervios, vital para la buena salud, ha sido interrumpido. Una vez mas, su quiropráctico está entrenado para hacer las correcciones necesarias para permitir que el flujo de energía de los nervios vuelva a lo normal.

Las otras señales de aviso—dolor en medio de los hombros, coyunturas con dolor, dolor en los brazos o en las piernas, entumecimiento de las manos o de los pies y dolor de espalda—todos son cosas que su doctor quiropráctico está entrenado especialmente para aliviarlas. Frecuentemente se le llama especialista en estas áreas porque él sabe sobre la espina dorsal, de la misma manera que un pianista conoce el teclado, y el reconoce la parte importante que ésta juega en la salud. Atraves de la flexible columna vertebral, de pequeños y movibles huesos, los nervios conectan su cerebro a cada órgano, tejido y célula de su cuerpo.

Si usted sufre de una o mas de estas **8 señales de peligro**, no debe ignorlas. Aunque usted pueda "resistirlo" y el dolor severo pueda eventualmente desaparecer, usted puede quedar con un permanente e irreparable daño que puede aparecer más tarde en otro problema de salud más serio. Consulte a un doctor quiropráctico. Despues de un reconocimiento cuidadoso para determinar la causa, el hara todo lo posible para eliminar la causa y liberarle de estas señales de peligro molestas.

¡NO ESPERE!

Cuando algunos de estos síntomas son evidentes, ¡Consulte su quiropráctico!

PRIMERA CONSULTA GRATIS

DR. FRAN WALLACE
Quiropractico

Digame donde le duele

422-3908

5829 Atlantic Ave., LONG BEACH

—ACEPTAMOS ASEGURANZAS—

CASOS DE ACCIDENTES DE TRABAJO

GRAN APERTURA
CLINICA FAMILIAR
EN LONG BEACH

CAL ✚ CARE
MEDICAL GROUP

Cuidado medico para toda la familia

- ACEPTAMOS ASEGURANZAS
- CARDIOLOGIA (Cardiology)
- GINECOLOGIA (Gynecology)
- MEDICINA INTERNA
- CONTROL DE PESO (Weight Control)
- WORKER COMPENSATION
- ACCIDENTES
- PODRIATIA (Pies)
- MEDICINA GENERAL
- PEDIATRIA
- DERMATOLOGIA
- CIRUGIA
- RAYOS-X

CONSULTA COMPLETA
- Presion de la sangre
- Examen fisico
- Pulmones, Estomago
- Oidos, Etc.
- Prueba de Orina para diabeticos

$29.95

GRATIS
Con su Consulta
- PRUEBA DE EMBARAZO
- VACINACION CONTRA LA GRIPA

FARMACIA:
- Descuentos para senior citizen
- Entrega gratis
- Abierto Sabados

$5

NUEVA EN LONG BEACH

EN LA COMPRA DE MEDICINAS CON PRESCRIPCION
500 W. WILLOW • LONG BEACH
(Esq. con Magnolia)
(213) 490-0005

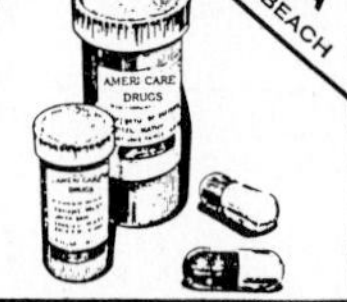

- NO NECESITA CITA

Servicio de Emergencia:
Despues de Horas:
(213) 424-1604

Abierto Lunes a Sabado
9 AM - 8 PM
Llamenos hoy:
(213) 427-1700
500 W. WILLOW ST.
LONG BEACH, CA 90806

CAL ✚ CARE
MEDICAL GROUP

PACIFICA DENTAL CARE

LE OFRECEMOS...

UN SEGURO DENTAL por solamente $90 AL AÑO para TODA LA FAMILIA, lo cual incluye **trabajos esmerados y de calidad...** En Nuestro Plan, el cual deseo se convierta en una realidad, Para su Familia, le ofrezco los siguientes servicios:

- INSTRUCCION PREVENTIVA DENTAL............**Ningun Costo**
- EXTIRPACION PROFUNDA DEL SARRO............**$22**
- TRATAMIENTO DE EMERGENCIA -PALIATIVO POR VISITA............**Ningun Costo**
- FLORURO TOPICO............**Ningun Costo**
- EXTRACCIONES -SENCILLAS,
- ANESTESIA LOCAL............**$18**
- RADIOGRAFIAS DE LA BOCA COMPLETA............**Ningun Costo**
- PELICULA SENCILLA............**Ningun Costo**
- CADA PELICULA ADICIONAL............**Ningun Costo**
- EXAMEN ORAL Y DIAGNOSTICA............**Ningun Costo**
- RETENCION DE CLAVIJA BAJO EL EMPASTE..**Ningun Costo**
- RESTAURACIONES DE AMALGAMA DIENTES PRIMARIOS:
  - CARIES QUE ABARCAN UNA SUPERFICIE DENTAL............**$17**
  - CARIES QUE ABARCAN DOS SUPERFICIES DENTALES............**$21**
  - CARIES QUE ABARCAN TRES SUPERFICIES DENTALES............**$28**
  - CARIES QUE ABARCAN CUATRO O MAS SUPERFICIES............**$35**
- RESTAURACIONES DE AMALGAMA DIENTES PERMANENTES:
  - CARIES QUE ABARCAN UNA SUPERFICIE DENTAL............**$22**
  - CARIES QUE ABARCAN DOS SUPERFICIES DENTALES............**$28**
  - CARIES QUE ABARCAN TRES SUPERFICIES DENTALES............**$34**
  - CARIES QUE ABARCAN CUATRO O MAS SUPERFICIES............**$39**
- CONSULTAS DE OFICINA............**Ningun Costo**
- PROFILAXIS (Una por Año) (LIMPIAR Y PULIR DIENTES O PROFILAXIS ADICIONAL)............**Ningun Costo**

LLAME A AURELIA PARA INFORMARSE SOBRE SU SEGURO DENTAL
POR SOLO
$35 AL AÑO
—TODA LA FAMILIA $90 AL ANO—

Credit Available
Most Insurance Accepted
Medi-Cal • Denti-Cal

Dentista para toda la familia!!!

8005 E. Florence Ave.
Downey
(Esquina con Paramount Blvd.)
927-3333 • 927-3334

Southern California Chiropractic Clinic

Les Ofrece su Especial de:

EXAMEN GRATIS DE LA ESPINA DORSAL Y PRUEBA DE NERVIOS

Incluye Consulta, Examen Quiropráctico Ortopédico y Neurológico y Reporte de Investigación
Algunas Señales de Deslineación de la Espina Dorsal

DOLORES DE:

• CABEZA • ESPALDA • CONJUNTURAS
• NERVIOSISMO • PERDIDA DE SUEÑO O ENERGIA
PROBLEMAS DE PIES, CADERAS, CUELLO, BRAZOS, PIERNAS, Etc...

NO IGNORE ESAS SENALES DE PELIGRO

Aceptamos Todas las Aseguranzas
como Pago Total

★CASOS DE ACCIDENTES
DE AUTOS
DE TRABAJO
★RAYOS-X

EL DR. MAURICIO SANGES
Le Atenderá Personalmente
en Español

15630 S. Normandie Ave., Gardena
(Un block al Sur de Redondo Beach Blvd.)

(213) 217-1811
DE DIA

(213) 379-7069
DE NOCHE Y SABADOS

Diario

Elige uno de los dos temas posibles para escribir en tu diario.

1. Describe una experiencia personal con la profesión médica. Puedes escribir sobre una visita al consultorio del médico, una emergencia o una hospitalización.
2. Explica algunos de los cambios que deberías hacer en tu alimentación, actividades físicas o malos hábitos o vicios.

Mi diario

CAPITULO 7

8 NOMINACIONES
PARA EL OSCAR
GANADORA ABSOLUTA
TOM
BERENGER
WILLEM
DAFOE
OLIVER STONE
18 DE
TOM BERENGER PLAT
HOY
RECUERDE

¡Que te diviertas!

- **Cómo obtener información**
- **Expresiones para hacer planes**

Cómo obtener información

Otras frases

- ¿Quieres ir a un bar?
  a un concierto?
  a una discoteca?
  a un restaurante?
  al teatro?
  a tomar un trago[3]?
  a ver un film?
  a ver un partido de fútbol?

- ¿Qué tipo de film quieres ver?
- Quizás una película romántica.
  de terror.
  de guerra.
  de ciencia ficción.
  de acción.

VOCABULARIO ACTIVO

ir de parranda	salir de fiesta
ponerse de acuerdo	*to agree*
tener ganas de	querer (hacer algo)
tratarse de	*to be about*
(el) compromiso	cita; *compromise*
(el) partido	un espectáculo deportivo

Ampliación de palabras

1. **Película.** En ciertos países, se usa la palabra inglesa *film* para decir **película.**
2. **Pasar una película.** Se usa la expresión **pasar una película, dar una película** o **mostrar una película.**
3. **Tomar un trago.** Se puede decir también: **tomar una copa, ir de copas.**

Actividades

A. **¿Quieres ir al cine?** *Divídanse en parejas. Llama por teléfono a tu amigo(-a). Ambos tienen la sección de espectáculos del periódico de hoy (ver a continuación). Deben decidir juntos qué clase de película prefieren ver y a qué hora. Si están en desacuerdo traten de llegar a un compromiso.*

¡Quiero la cabeza de Alfredo García! (E.U.) 1974. 108 minutos. Director: Sam Peckinpah. Intérpretes: Warren Oates, Isela Vega, Helmut Dantine. La única hija de un terrateniente° mexicano ha quedado embarazada° de un aventurero que ha desaparecido. El terrateniente organiza la busca y captura del aventurero. Salas Fiesta. 19:15, 21:30.

terrateniente° *landowner*
embarazada° *pregnant*

Hannah y sus hermanas. (E.U.) 1986. 106 minutos. Director: Woody Allen. Intérpretes: Woody Allen, Barbara Hershey, Mia Farrow, Michael

Caine. Esta comedia humana de Woody Allen explora las vidas de Hannah, sus hermanas, padres y maridos en la ciudad de Nueva York. Cine-Teatro Estrella. 17:00, 19:00, 21:00.

La historia oficial. (Argentina) 1985. 112 minutos. Director: Luis Puenzo. Intérpretes: Norma Aleandro, Hector Alteril. Durante los últimos meses de la dictadura militar en Argentina una maestra de historia toma conciencia del horror de la guerra sucia[1] y decide investigar el origen de su hija adoptada. Sala El Portal. 18:45, 21:15.

La cage aux folles. (Francia) 1978. 106 minutos. Director: Eduardo Molinero. Intérpretes: Ugo Tognazzi, Michel Serrault. En esta alocada° comedia Renato y su amante Albin tratan de ocultar° su relación frente a los padres de la novia del hijo de Renato. Cine Boulevard. 17:30, 19:30, 21:30.

madcap

to conceal

Aeropuerto 1975. (E.U.) 1974. 106 minutos. Director: Jack Smight. Intérpretes: Charlton Heston, Karen Black, George Kennedy, Sid Caesar, Helen Reddy. Después de una colisión en el aire, un avión comercial debe ser pilotado por una aeromoza hasta que un piloto pueda abordar el avión desde un helicóptero. Cines Pacífico. 17:00, 19:15, 21:30.

Lo que el viento se llevó. (E.U.) 1939. 222 minutos. Director: Victor Fleming. Intérpretes: Vivien Leigh, Clark Gable, Olivia de Havilland, Leslie Howard. Este drama basado en la novela de Margaret Mitchell sigue de cerca la vida de la joven y caprichosa° Scarlett O'Hara y el aventurero Rhett Butler en medio de los turbulentos cambios producidos por la guerra civil en el sur de los Estados Unidos. Teatro El monte. 17:00, 21:15.

° *stubborn, willful*

[1]Se llama así a la represión por parte de la dictadura militar de Argentina contra la población civil durante los años 1976 a 1983. Como consecuencia se calcula que entre 15.000 a 30.000 personas fueron asesinadas.

B. ¿Qué vamos a hacer esta noche? *Tú y tus amigos están planeando las actividades para el sábado por la noche. Primero, elige entre las posibles actividades a continuación la que más te interese a ti. Luego, el grupo debe ponerse de acuerdo para elegir la mejor actividad para todos. Cada uno de los miembros del grupo debe tratar de defender su elección y tratar de convencer al grupo.*

TEATRO
Los Pinos
9325 Long Beach Blvd.
South Gate, CA 90280
PRESENTA EN VIVO EL MEJOR SHOW DE LA TELEVISION !!
Olga Breeskin y Sergio Corona en:
HAGA SUS RESERVACIONES HOY!
(213)567-6000
NO SE QUEDE SIN VERLOS
DE LUNES A SABADO DE 7:00 y 9:00 pm.
DOMINGO 6:00 y 8:15 pm.
AIRE ACONDICIONADO
Super Estelar
Del 4 al 13 de Noviembre de 1988
FABULOSOS
AMPLIO ESTACIONAMIENTO
Maestro de Ceremonias
JAIME PIÑA

FOR OVER 14 YEARS IN LOS ANGELES AS THE HOME OF LATIN MUSIC
Mucha SALSA
DOORS OPEN 8:30 PM
SHOWTIME 9:30 PM SHARP
PRESENTANDO:
Las mejores Orquestas de Salsa en el Area de Los Angeles
VIERNES:
JAVIER RIVERA
Y SU NUEVA DIMENSION
SABADO:
JOSE RICARDO
Y SU L.A. MAXIMA
SERVICIO DE VALET PARKING
The New CANDILEJAS
NITE•CLUB
5060 SUNSET BLVD.
Esquina con Normandie • Requerido vestir formal (213) 665-8822
HOLLYWOOD
Requerido Vestir Formal • Mas Información: (213) 665-8822

EL MARQUEZ
NIGHT CLUB Y DISCOTHEQUE
625 LINCOLN BLVD., VENICE, CA
EL LUGAR FAMILIAR DE MODA
RESERVACIONES AL TELEFONO
(213) 399-8797
SUPER VARIEDAD PREMIER, ESTE VIERNES 11 DE NOVIEMBRE
DIRECTAMENTE DE MEXICO
LOS 3 GRANDES DE LA CANCION RANCHERAS
DAVID CORPUS
SAN JUANA
La Reina del Palenque
PACO MICHEL
POR FIN JUNTOS EN UNA SOLA NOCHE
EN EL ESCENARIO DEL MARQUEZ
PARA BAILAR EL GRUPO IMAGEN
POR NINGUN MOTIVO SE LO PIERDA ESTE FIN DE SEMANA
ES REQUERIDO VESTIR FORMAL

C. **¿Cómo pasas el tiempo?** *Elige las respuestas que te describen mejor. Compara tus resultados con otros dos o tres miembros de la clase.*

1. ¿A qué hora te levantas los fines de semana?
   a. A las seis y media porque normalmente tienes mucho que hacer.
   b. Cuando te despiertas; no te importa la hora.
   c. A las diez: ni demasiado tarde, ni demasiado temprano.
   d. A las siete y media, como siempre.
2. Los sábados por la noche, ¿adónde prefieres ir?
   a. Al cine con uno o dos amigos(-as).
   b. A una fiesta grande con treinta o cuarenta personas.
   c. Quedarte en casa para ver un buen film en la televisión.
   d. A una discoteca con un pequeño grupo de amigos.

3. Si algo fabuloso te ocurriera (si obtuvieras un trabajo perfecto, ganaras la lotería o aceptaran publicar tu primera novela), ¿cómo decidirías celebrar el acontecimiento?
   a. Invitarías a un grupo de amigos a un restaurante.
   b. Irías de parranda con un grupo de amigos.
   c. Invitarías a todos tus amigos a tu casa para tomar champaña.
   d. Llamarías por teléfono a tus padres.
4. Si encontraras cien dólares en la calle, ¿qué harías?
   a. Devolverías el dinero a la estación de policía más cercana.
   b. Invitarías a tu mejor amigo(-a) al restaurante más caro de la ciudad.
   c. Pondrías todo el dinero en tu cuenta de ahorros *(savings account).*
   d. Lo donarías todo a una institución benéfica *(charity).*

D. Calificación de películas. *La sociedad cinematográfica ha creado una comisión encargada de establecer un nuevo sistema de calificación de películas* (film rating system). *Como miembro de esta comisión debes crear un sistema para ayudar al público a elegir los filmes. En grupos debes decidir las clasificaciones y explicar los criterios utilizados.*

PARA PENSAR

VOCABULARIO ACTIVO

estrenar (una película)	dar por primera vez
sostener	afirmar, defender
(el) asiento	el objeto en donde uno se sienta
(la) entrada	el billete, el boleto, el ticket
(el/la) espectador(a)	persona que asiste a un espectáculo público
(la) pantalla	la parte del televisor donde se ven las imágenes
(la) videocasetera	VCR
una barbaridad *(coloquial)*	gran cantidad, mucho

Luis, ¡te guardé un asiento!

El artículo a continuación apareció en la revista argentina de actualidades ***Somos.***

Una crisis de película

Salas vacías, superpoblación de videos clubes y oferta televisiva sin igual. Unos y otros se echan la culpa° y se autorrecriminan°.

acusar/se . . . se acusan mutuamente/*normal*

Cifras: En Estados Unidos, a mediados de los '60, un espectador medio° concurría al cine 6 veces por año, hoy apenas llega a 4. En Gran Bretaña hace 25 años una persona iba 9 veces al cine, hoy no llega a 2. En Francia un espectador visitaba el cine 9 veces por año en los '50, hoy no llega a 4. En Italia, en los '60, un espectador veía 10 películas por año, hoy se conforma con° dos. En Argentina, un fin de semana tenía 170 mil espectadores en los cines; últimamente no llegan a los 90 mil.

se . . . se contenta con

Causas: A nivel mundial, una crisis entre el cine y las nuevas tecnologías audiovisuales como el video, el disco láser, la televisión de aire, de cable y satelital. A nivel local, la crisis económica y el *boom*[1] del video que vivió Argentina el año pasado.

Opiniones: Para Manuel Antín (director del Instituto Nacional de Cinematografía) «las razones son varias. No sólo la crisis económica afecta al cine sino también el auge° del video y la gran oferta cinematográfica de la televisión». En la vereda de enfrente°, Fernando Huberman (director de LK-TEL) sostiene que «la gente no va al cine por la situación económica y por la profunda crisis anímica° que soporta. La culpa no la tiene el video. ¿Cómo podría tenerla? Sólo el cuatro por ciento de los hogares argentinos tienen videocasetera». Según Dardo Ferrari (director de A.V.H.), el problema económico es clave «pero también lo es el costo de la entrada y la gran cantidad de películas que se estrenan por año. Se estrenan cerca de 400 por año y eso es una barbaridad». Antín aclara. «Es verdad. Se estrenan 350 películas por año y así no podemos seguir. Pero, ¿por qué ocurre esto?» «Ultimamente este negocio está manejado por gente que ha abandonado la seriedad empresarial° y sólo piensan en salvarse—dice Oscar Rodríguez (presidente de Transeuropa S.A.)—. «Las películas no terminan sus períodos de explotación y se cambian unas y otras esperando que alguna dé el taquillazo°[2] para salvarse. Entonces tenemos cientos de estrenos que duran pocas semanas. De esta manera, las cosas no van a cambiar. En realidad los únicos culpables de este problema somos nosotros mismos, los exhibidores y los distribuidores que nos manejamos con un sistema de comercialización anacrónico° y nos negamos a ver que los tiempos han cambiado. Creo que es hora de que nos sentemos a charlar° todos para ver cómo salir de la crisis.»

Soluciones: Según *Variety*, en Argentina, Brasil y Uruguay la entrada cinematográfica cuesta 2 dólares, en Chile llega a 1,85, en Venezuela a 1 dólar y en Colombia a 70 centavos de dólar. Un caso aparte son Puerto Rico, con entradas que rayan en° los 4 dólares, y México, con entradas a 0,50 centavos de dólar. En nuestro país es más barato alquilar un videocasete que ir al cine. Más de 1.500 videoclubes existen en todo el país, cuando el mercado no puede mantener con éxito a más de 900. Antín dijo a SOMOS que con respecto al año pasado la concurrencia a las salas de estrenos nacionales disminuyó en un 10 por ciento, mientras que a las salas con estrenos extranjeros la cifra llegó a un 40 por ciento. Entonces, el mundo del cine también tiene que cambiar y vencer su inercia para gestar nuevos mecanismos de comercialización. Si nada de eso ocurre, las salas seguirán despobladas y los videoclubes también irán desapareciendo poco a poco.

la popularidad

En . . . por otra parte

espiritual

seriedad . . . responsabilidad en los negocios

que . . . que tenga éxito

fuera de tiempo

conversar

rayan . . . aproximan

Ampliación de palabras

1. **Boom.** Como casi todas las lenguas, el español está influido por otros idiomas (en particular el francés y el inglés). El uso de una palabra inglesa como *boom* frecuentemente indica un esfuerzo del hablante por

estar a la moda. El autor podría haber empleado palabras españolas como **explosión** o **auge.**

2. **Taquillazo.** En la **taquilla** se compran los boletos para entrar al cine, al teatro o a la sala de deportes. Un **taquillazo** es una película o un espectáculo que ha sido un triunfo, por haberse vendido gran número de boletos.

Comprensión

Elige los números de la columna B que correspondan a las frases de la columna A.

A

1. El número de videoclubes que existen en Argentina es ____.
2. Un espectador en Colombia paga ____ centavos para ir al cine.
3. En los años sesenta un estadounidense iba al cine ____ veces por año.
4. Actualmente un italiano va al cine ____ veces por año.
5. En Argentina se estrenan ____ películas por ãno.
6. El número de espectadores argentinos que van al cine durante el fin de semana hoy en día es ____.
7. La población argentina puede mantener con éxito ____ videoclubes.
8. Un ____ por ciento de los hogares argentinos tienen videocaseteras.

B

- 70
- 1500
- 2
- 4
- 900
- 350–400
- 90.000
- 6

Y tú, ¿qué piensas?

1. ¿Hay películas que se prestan más para verse en casa que en el cine? ¿Qué tipo de filmes y por qué?
2. En tu opinión, ¿se estrenan demasiados filmes cada año? ¿Preferirías tener menos películas, pero mejores?
3. ¿Cuánto cuesta ir al cine en tu ciudad? ¿Te parece que el precio de la entrada influye en el número de gente que va al cine?
4. Los cines al aire libre *(drive-in theatres)*, muy populares en su época, casi han desaparecido hoy en día. ¿Crees que algo semejante puede ocurrir con las salas de cine? ¿Por qué sí o por qué no?
5. Cuando vas a ver un film, ¿normalmente compras algo para comer y beber? ¿Cuáles son tus comidas o bebidas favoritas en el cine?

Actividades

A. **¿En el cine o en casa?** *En grupos hagan una lista de las ventajas y desventajas de ver una película en el cine y en casa.*

B. ¿Pantalla chica o pantalla grande? *Tu encuesta se limita a ocho personas de la clase. Debes averiguar: a) qué películas han visto el último mes; b) cuántos tienen una videocasetera en casa; c) cuántas películas en video han visto.*

PARA PENSAR

VOCABULARIO ACTIVO

(el) atardecer	último período de la tarde
(el) comportamiento	conducta, modo de ser

*El siguiente artículo fue publicado en la revista **Somos**.*

103 horas frente a la tele

¿Cuáles son realmente los hábitos televisivos de los habitantes de Buenos Aires? ¿Cuántas horas pasan frente a la pantalla, qué canales se ven y por qué? Estas preguntas tienen respuesta en un trabajo realizado por la empresa de mediciones° de audiencia *Mercados y Tendencias* efectuado en marzo.

empresa . . . empresa que cuenta el número de personas que miran un programa

El primer dato aparecido revela que cada televisor está prendido[1] mensualmente un promedio de 103 horas con 44 minutos, es decir, unas tres horas y 20 minutos diarios. Esta cifra° indica que el consumo *per cápita* de televisión en Argentina, comparado, por ejemplo, con el de los Estados Unidos, donde la cifra de consumo diario es de cinco horas, es ciertamente moderado.

número

El comportamiento por horario de la gente es interesante para el análisis. De él se desprende° que:

se . . . se infiere

- los argentinos ven mucha televisión al mediodía y bastante de noche.
- en la «primera tarde» de 14 a 17 disminuye la audiencia.
- la mañana, por ahora, es un territorio a explorar. Como curiosidad, la radio aumenta su encendido°[1] en los segmentos donde la televisión decae° claramente (la mañana y el atardecer).

operación
disminuye

El análisis por sectores y por sexos trae también cifras que llaman la atención. De lunes a domingo y de 10 a 24, las mediciones indican que:

- el ama de casa tiene un nivel de exposición° a la tevé más alto que la mujer que trabaja.
- la mujer ve muchísima más televisión que el hombre.
- las clases media y alta están más expuestas° a la tevé que la media-baja.
- los mayores de 50 años siguen siendo una audiencia importantísima,

exposure
exposed

mientras que en la otra punta se encuentra—como siempre—el segmento de los jóvenes de 20 a 34 años.

- el sector de mayor consumo es la mujer de clase media-alta y el de menor consumo es el hombre de nivel socio-económico más bajo.

Ampliación de palabras

1. **Prender, encender.** Ambos verbos significan la puesta en funcionamiento de un aparato eléctrico o el acto de comenzar un fuego. **Prender** es un americanismo. **Encender** se usa principalmente en España.

Comprensión

1. Según el artículo, ¿cuántas horas de televisión por día ven los argentinos? ¿Cómo se compara con el público de los E.U.?
2. ¿A qué horas ven más televisión los argentinos?
3. ¿Qué grupo ve más televisión? ¿Qué grupo ve menos?
4. ¿Quiénes ven más televisión: los ricos o los pobres?

Y tú, ¿qué piensas?

1. En Argentina, las personas de 20 a 34 años de edad ven menos televisión que el resto de la población. En Estados Unidos este grupo constituye una gran proporción de la audiencia televisiva. ¿Cómo explicas esta diferencia?
2. ¿Qué programas miran tus padres? ¿Cuáles de estos programas te gustan a ti también? ¿Cuáles de esos programas te parecen insoportables? ¿Por qué?
3. ¿Cuántos días por semana *no* ves televisión? ¿Hay días específicos en que siempre ves la tele? ¿Por qué?
4. El escritor Anthony Burguess dijo: «Tiene que haber un infierno para Hitler y un cielo para los burros que sufren. Aunque aquí en la tierra ya tenemos un infierno: la televisión.» ¿Crees que la televisión ha sido una fuerza negativa o positiva a lo largo de *(throughout)* tu vida?

Actividades

A. **¿Qué vamos a ver?** *Tus padres señalan la televisión como causa de tus malas notas en la escuela. Ellos deciden limitar la televisión a tres horas por semana para ti y tus hermanos. Divídanse en grupos de tres o cuatro (tus «hermanos» y «hermanas») y decidan qué programas van a ver esa semana.*

B. **¿Pasatiempo o adicción?** *¿Sería difícil para ti dejar de mirar televisión durante una semana? Describe los cambios que ocurrirían en tu vida durante esa semana.*

C. **¿Qué ves?** *En la próxima semana haz una lista de los programas que ves. Divídelos en categorías (educacionales, comedias, telenovelas* (soap operas), *noticias, etcétera). También, califícalos (Ejemplo: 1 excelente; 2 bueno; 3 mediocre; 4 malo; 5 horrible). Al final de la semana compila los resultados con tus compañeros de clase.*

II. ¿COMO SE DICE?

Expresiones para hacer planes

VOCABULARIO ACTIVO

encontrarse	*to meet*
pasar a buscar algo o alguien	*to go get, pick up someone or something*
quedar en que	ponerse de acuerdo
raro	*strange, unusual*

Ampliación de palabras

1. **Hola.** Hay diferentes maneras de contestar el teléfono. Muchas de estas expresiones se usan en todos los países hispanos. Otras son regionales. Por ejemplo, se puede decir **Hable, Diga** (España), **Alló** (el Caribe) y **Bueno** (México).
2. **¿Qué tal?** Existen varias formas de pedir información sobre una persona. **¿Cómo anda?**, **¿Cómo está?**, **¿Qué hay?** son algunas de éstas.

Actividades

A. ¿Qué clase de amigo eres tú? *Marca las respuestas que mejor te describen; calcula los puntos y de acuerdo con el total descubre qué tipo de amigo eres.*

1. ¿Qué actitudes te molestan más en una amiga o amigo?
   a. Cuando no es puntual.
   b. Cuando bebe demasiado en las fiestas.
   c. Cuando no puede guardar un secreto.
   d. Cuando no te escucha.
2. Tienes . . .
   a. un amigo (una amiga) con quien estás siempre.
   b. dos o tres amigos(-as) con quienes pasas la mayoría del tiempo.
   c. un grupo de seis a diez amigos(-as) con quienes sales frecuentemente.
   d. una cantidad de amigos(-as) con quienes compartes diversas actividades.
3. Cuando vas a una fiesta y no conoces a nadie, en general . . .
   a. vas directamente hacia la comida y observas a la gente.
   b. te acercas a un grupo de gente y tratas de participar en la conversación.
   c. te presentas a una persona que está sola y parece interesante.
   d. te quedas un momento, saludas a los dueños de casa y te vas.
4. Normalmente con tus amigos tú . . .
   a. hablas sobre el trabajo o la universidad u otras experiencias en común.

b. les pides consejos sobre ciertos problemas no demasiado personales.
c. compartes tus ideas con ellos sobre cualquier tema (política, sexo, religión).
d. compartes con ellos hasta tus «secretos más íntimos»

5. En general, con tus amigos . . .
a. evitas ciertos temas, pues sabes que no están todos de acuerdo.
b. están de acuerdo, pues comparten las mismas ideas.
c. discuten francamente a pesar de estar en desacuerdo.
d. tienen opiniones muy distintas sobre casi todos los temas.

1. a = 3 b = 2 c = 0 d = 5
2. a = 0 b = 2 c = 4 d = 5
3. a = 1 b = 2 c = 5 d = 0
4. a = 4 b = 3 c = 2 d = 0
5. a = 4 b = 1 c = 2 d = 3

1–8: Generalmente, eres tímido(-a) y reservado(-a). Tienes pocos amigos, pero éstos son leales y sinceros.
9–13: En general, te llevas muy bien con la gente, tienes buenos amigos y conocidos. Eres muy seguro(-a) de ti mismo(-a) y no necesitas la aceptación de todos para sentirte cómodo.
14–23: Eres una persona extremadamente sociable. Te llevas muy bien con todo tipo de personas y tienes muchísimos amigos y conocidos.

B. Excusas, excusas, excusas. *La situación: Ayer habías quedado en encontrarte con tu amiga Sofía en el Museo de Arte Moderno. Te olvidaste de la cita y fuiste a un bar con unos amigos. Sofía es una persona muy susceptible y por eso decides mentirle* (lie to her). *En grupos de cuatro, inventen una mentira convincente para justificarte. Una persona del grupo debe exponer la versión y defenderla ante las preguntas del resto de la clase que tratará de encontrar incongruencias o fallas en la excusa.*

PARA PENSAR

VOCABULARIO ACTIVO

celebrar	
transcurrir	*to take place*
(el) cumpleaños	día en que se celebra un nacimiento

(el) día feriado	día de fiesta
(la) reunión	grupo de personas que se juntan
previsible	que puede anticiparse
ni siguiera	not even

*El periódico **La Opinión** de Los Angeles publicó el siguente artículo.*

CINE
Por Juan Rodríguez Flores
Redactor de LA OPINION

Igual que otros años durante el mes de octubre, temporada en la que se celebra la fiesta de Halloween, los cines de la ciudad estrenan un buen número de películas de horror; películas que en la mayoría de los casos sólo sirven de pretexto para estar a tono con la época°, y al mismo tiempo, capitalizar los aspectos comerciales que ésta ofrece.

a tono . . . a la moda

Ambos factores se han combinado de tal forma que hoy día podemos decir tranquilamente que octubre se ha convertido, con el paso de los años, en una curiosa y moderna tradición cinematográfica.

The Kiss y *Night of the Demons* son dos de los filmes que ustedes podrán ver durante los próximos días. No hay por supuesto en ninguno de ellos un solo elemento que pueda llevarnos a considerarlos como algo novedoso° e imaginativo. Al contrario, su aproximación al cine de horror es bastante burda°, aburrida y previsible. No tienen ni siquiera una parte de la intensidad y la emoción generados por *Dark Night, Hellraiser* y *The Lost Boys.*

nuevo
primitiva

Esto ocurre especialmente en *Night of the Demons* película que utiliza hasta el cansancio° y sin ninguna eficacia° dramática la mayor parte de las posibilidades que ofrece el género°.

hasta . . . demasiado/
fuerza
clase (de película)

Para darnos cuenta de que lo que ocurre en *Night of the Demons* es algo que ya habíamos visto innumerables ocasiones no hace falta tener una mente muy despierta ni una especial sensibilidad. Todo lo que se necesita es mirar atentamente las distintas secuencias que la componen y distinguir entre ellas la presencia de innumerables signos, códigos, recursos, fórmulas y símbolos fácilmente reconocibles.

Por ejemplo la anécdota que sirve de arranque° a toda la historia de *Night of the Demons* nos muestra a un grupo de jóvenes preparándose a celebrar su alegre fiesta de Halloween. Nada nuevo como lo pueden ver nuestros lectores.

de . . . de principios

Luego de hacer los preparativos necesarios, ponerse sus disfraces°, comprar cerveza y llevar su inseparable grabadora°, se dirigen al sitio de la reunión. Igual que siempre sucede los muchachos y las muchachas van en parejas. Eso le añade a la cinta° la posibilidad de que ocurra el hasta cierto punto previsible lance° amoroso.

costumes
tape player
película
situación

Después de ubicar° la casa en la que será la reunión, un siniestro y deteriorado edificio del siglo pasado, y sin tomar ninguna clase de precauciones, los muchachos se meten hasta el cuello° en un mundo que desconocen. Un mundo, cerrado, oscuro y opresivo, del que saldrán evidentemente muy mal librados° y llenos de raspones, magulladuras, ojos morados, brazos rotos y piernas heridas°. Eso en lo que se refiere únicamente a los dos jóvenes que pueden salvarse de la muerte y la destrucción porque el resto cae en manos de una «poderosa» y «diabólica» fuerza que anda libre por el mundo durante la noche de brujas.

situar o **instalar**
hasta . . . *up to their necks*
que saldrán . . . que van a terminar
raspones . . . *full of scratches, bruises, black eyes, broken arms and injured legs*

Si puede, evite *Night of the Demons* no se perderá nada interesante.

Comprensión

1. Según el autor, ¿qué tipo de tradición cinematográfica se ha desarrollado en los últimos años en el mes de octubre?
2. ¿Cómo comienza la película *Night of the Demons?*

3. ¿Dónde transcurre el film?
4. ¿Qué ocurre con el grupo de jóvenes protagonistas?
5. ¿Por qué el autor no recomienda el film?

Y tú, ¿qué piensas?

1. ¿Te gustan las películas de terror? ¿Por qué crees que tienen tanto éxito?
2. ¿Cuándo y por qué vas al cine? ¿Prefieres ir solo o con amigos? ¿Por qué?
3. ¿Te gusta ir al cine al aire libre? ¿Por qué?
4. ¿Ves filmes extranjeros? En general, ¿qué diferencias notas entre los filmes extranjeros y los de E.U.?
5. ¿Cuál es tu día feriado favorito? ¿Por qué?
6. ¿Cuándo es tu cumpleaños? ¿Cómo lo celebras normalmente? ¿Recuerdas algún cumpleaños especial? ¿Por qué?

Actividades

A. **¿En qué película estoy pensando?** *Un estudiante debe pensar en una película para luego contestar sí o no a las preguntas que le harán los otros miembros de la clase. Los estudiantes pueden hacer sólo 20 preguntas en total.*

B. **Días feriados.** *En grupos, deben decidir qué fechas de la columna B corresponden a las fiestas de la columna A.*

A	B
El año nuevo	1 de mayo
El día de Reyes	12 de octubre
El día del trabajo	1 de enero
El día de la Raza	25 de diciembre
La Navidad	6 de enero
La Janucá	28 de diciembre
Pascua	2 de noviembre
El día de las madres	1 de noviembre
El día de todos los santos	segundo domingo de mayo
El día de los muertos	8 días de diciembre
El día de los inocentes	domingo entre el 21 de marzo y el 26 de abril

C. **Un nuevo día feriado.** *La ciudad ha encargado una comisión para crear un nuevo día feriado (religioso o secular). En grupos de cuatro* *o cinco estudiantes deben elegir un nuevo día feriado, la fecha en que se celebrará, las razones para instituirlo, los símbolos y la manera de celebrarlo.*

PARA PENSAR

VOCABULARIO ACTIVO

dejar una marca	influir
interpretar	representar un papel, actuar
mostrar	indicar, ejemplificar
saltar a la fama	convertirse en algo o alguien famoso
sobrevivir	mantenerse en vida; *to survive*
(los) recuerdos	memorias
(el) salsero	alguien que canta salsa[1]
caribeño(-a)	del Caribe
actualmente	hoy en día, ahora

Este artículo, escrito por Santiago Pérez, apareció en la ***Revista de la Universidad Nacional Autónoma de México.***

El rock en México

A lo largo de su historia el rock se vio influido por sonidos de todo el mundo. Los Beatles y la India, el reggae jamaiquino, las fusiones africanas de Brian Eno, Peter Gabriel y Stewart Copeland, son sólo algunos ejemplos que dejaron una importante marca en épocas determinadas. De esa manera el rock se renueva y sobrevive.

Recientemente, el rock sajón° ha comenzado a empaparse° a gran escala° con la música latina. En Estados Unidos, por ejemplo, el rock latinoamericano parece estar pasando a la ofensiva. Muestra de ello son el éxito taquillero que registró el año pasado la película *La Bamba,* la inclusión del panameño Rubén Blades en el último disco de Sting, que incluye una canción en español, el duo entre David Byrne y la salsera Celia Cruz en el film *Totalmente salvaje (Something Wild),* la elección de la canción «Soy de Texas», interpretada por el músico Tex-mex Steve Jordan en el film *True Stories* (traducida por Videocentro como *Historias Maliciosas*). *Naked,* el último acetato° de los Talking Heads, se caracteriza por su influencia afroantillana°. Incluso Madonna y Michael Jackson han cantado en español.

Saxon/to be saturated with/ **a gran . . . mucho**

material con que se fabrican discos; fig. el disco/ africana del Caribe

A pesar de que el origen de esta influencia comienza con el salto a la fama de Ritchie Valens, en Estados Unidos los sonidos que se escuchan actualmente en el rock tienen antecedente directo de otro mexicano, Carlos Santana. Nacido en el estado de Jalisco, se formó en Norteamérica en la escuela del blues tradicional, combinando su música con las raíces latinas y caribeñas.

Los Lobos, grupo mexicano-americano, surgió° del este de Los Angeles no sólo tocando esa mezcla Rock'n'roll y ancestros musicales mexicanos, sino además tocando la tradicional música autóctona° en bodas y fiestas de quince años°. Su sonido constituye una «unidad cultural» que ayudó a que otros mexicanos-norteamericanos se enteraran° de su herencia musical.

En la actualidad, México se ha convertido en un gran importador de rock en español. Para llegar a autoabastecerse° le falta historia, experiencia y apoyo. Por primera vez desde 1971 (año del Festival de Avándaro) el rock nacional está abandonando su esencia subterránea para transformarse en un fenómeno de masificación° o de moda.

Los orígenes de este «boom» rocanrolero se remontan a 1984, año en que surge «Rock 101», primera estación que rompe con los estereotipos comerciales.

Resulta difícil comparar el desarrollo del rock español y argentino con el mexicano. En los dos primeros el rock surge como una forma contestataria° juvenil hacia las dictaduras militares que atravesaban. En México, antigua vanguardia hispanoamericana del rock se sufren muchos altibajos° que finalizan en una gran decadencia después del Festival de Avándaro. Totalmente ignorado por las autoridades, el rock nacional sobrevivió de manera subterránea con grupos como Three Souls in my Mind o los Dug Dugs.

Con las excelentes alternativas musicales en la incubadora, México no tardará en exportar su música al resto de Iberoamérica. Además del Tri que goza de° gran popularidad en Perú, o de los Caifanes que editarán su disco en Argentina y Venezuela, las mayores expectativas de éxito en el exterior caen sobre La Maldita Vecindad, ya que su sonido mexicano no es demasiado regionalista.

Así, a medida en que cada vez haya más conciertos masivos sin incidentes, en donde paulatinamente° las autoridades vayan perdiendo el miedo a trágicos sucesos, el rock se convertirá sin duda en un medio masivo de identificación juvenil totalmente asumido por la sociedad mexicana. Aunque algunas personas consideren que esta explosión musical es un escape de la crisis actual, el surgimiento cada vez mayor de grupos de rock es un hecho. Y mientras los chavos° se reúnan a ensayar su música en los garajes, la fórmula de sobrevivencia y expansión del rock nacional está asegurada.

salió
nativa
fiestas . . . *coming out parties*/**se instruyeran**
to be self-sufficient
popularización
de protesta
cambios de fortuna
goza . . . tiene
poco a poco
muchachos

Ampliación de palabras

1. **Salsa.** Es una música popular del Caribe que incluye elementos africanos y latinos. Los grupos musicales de salsa tocan una variedad de instrumentos de percusión además de instrumentos de vientos y guitarras. Es una música alegre y festiva que incita al baile.

Comprensión

Decide si las frases a continuación son verdaderas o falsas.

_____ **1.** La influencia de la música latina en el rock de los últimos años es mínima.
_____ **2.** Algunos cantantes populares de E.U. cantan en español.
_____ **3.** En México el rock nacional ya no es subterráneo.
_____ **4.** Algunos piensan que el rock es una forma de escape de la crisis actual en México.
_____ **5.** En Latinoamérica se desconoce el rock mexicano.

Y tú, ¿qué piensas?

1. ¿Por qué crees que el rock atrae tanto a la juventud?
2. ¿Qué tipo de música o qué canciones te traen recuerdos?
3. ¿Puedes juzgar a la gente según la música que escucha? ¿Por qué sí o por qué no?
4. ¿Han cambiado tus gustos en música en los últimos años? ¿Cuál es la razón, a tu parecer? ¿Cuáles serán tus gustos musicales dentro de diez años?

Actividades

A. ¿Quién es el mejor? *La clase va a elegir el mejor grupo musical o cantante. Cada estudiante debe ofrecer el nombre de su candidato y explicar su selección. Un estudiante escribirá los nombres en la pizarra. Luego, todos deben votar por uno de los cinco candidatos que hayan recibido más votos.*

B. Un concierto impresionante. *Describe el concierto más interesante al que hayas ido. ¿Qué es lo que te impresionó más?*

C. ¿Censura o libertad de expresión? *Lee el siguiente comentario que apareció en un periódico recientemente. En grupos escriban una respuesta a la carta.*

Es indudable que la música juega un papel crucial en la vida de los adolescentes de todas las épocas. Sin embargo, creo que el rock tiene efectos catastróficos para la juventud de hoy en día. Con la aparición de canales de televisión dedicados a pasar videos musicales todo el día y toda la noche, nos enfrentamos al problema de una juventud apática, pasiva y totalmente adicta al televisor. Quizás el aspecto más destructivo de estos videos es el mensaje de violencia, sexismo y racismo que proyectan muchos de ellos. En algunos de estos videos se presenta a la mujer—en general, chicas jóvenes y hermosas—como ornamentos u objetos sexuales de los músicos. El machismo, los estereotipos y la representación negativa de los negros, hispanos, asiáticos y otras minorías—elementos fundamentales de estos videos—influyen peligrosamente sobre la juventud. No debemos dejar en manos de estos músicos, incultos y sicóticos, la educación de nuestros hijos.

Claudia Olmos
Santa Ana, California

MAS ALLA

Entre dos mundos

En el mundo hispano, las fiestas religiosas juegan un papel sumamente importante. Debido a que la gran mayoría de los hispanos son católicos, estas fiestas incluyen a toda la comunidad. Las celebraciones consisten, en general, en comidas, bailes, procesiones y ferias. El aspecto secular y el religioso de estas celebraciones exponen el íntimo vínculo entre la religión y la vida cotidiana°, todavía presente en muchas culturas.

cotidiana°: de todos los días

Una de las celebraciones religiosas más originales se encuentra en el día de los muertos que se celebra en México. En todos los países hispanos se celebra el día 2 de noviembre. La gente va a la iglesia y luego al cementerio a visitar las tumbas de sus seres queridos. En México, sin embargo, el día adquiere un tono festivo. Las personas se disfrazan° de diferentes maneras para representar la muerte. En casa, las familias preparan las comidas favoritas de sus muertos para llevarlas al cementerio. Algunos se visten de esqueleto, de cadáver, de diablo, y salen en grupos por las calles bailando al ritmo de música triste. En su trayecto hacia el cementerio, la gente compra dulces en forma de esqueleto o calavera (cabeza de muerto), preparados especialmente para esta ocasión. En España, por otro lado, ese mismo día se celebra con una representación teatral de la obra clásica española: *Don Juan Tenorio*.

se . . . *disguise themselves*

Palabras, palabras, palabras

A. *Divide la clase en dos grupos. Un miembro del grupo A debe sentarse delante de la clase. Una persona del grupo B elegirá una de las palabras del vocabulario introducido en el capítulo y la escribirá en la pizarra, detrás del estudiante. A continuación, el grupo A tratará de parafrasear la palabra elegida hasta que el estudiante la adivine dentro del límite de tiempo escogido (un minuto o dos). Ejemplo 1: La palabra escogida:* ***cine.*** Paráfrasis: ***el lugar donde vemos películas.*** Ejemplo 2: ***trago.*** Paráfrasis: ***lo que pides cuando vas a un bar.***

B. *Completa las frases a continuación de cualquier manera lógica.*

1. La semana pasada se estrenó la película ______.
2. Tengo buenos recuerdos de ______.
3. Para mi próximo cumpleaños tengo ganas de ______.
4. Cuando fui al partido de básquetbol, en mi asiento vi ______.
5. Leí un libro de ______. Se trata de ______.
6. La maestra que dejó una marca profunda en mí era ______ porque ______.
7. Quise ir al concierto en el Coliseo, pero las entradas ______.
8. Lo que me gusta de los días feriados es que ______.
9. Le presté mi coche y Julio ni siquiera ______.
10. Mi madre y yo nunca nos ponemos de acuerdo sobre ______.

Para expresarse

A. ¿Quieres comprar . . . ? *Los avisos publicitarios son una parte importante de la industria televisiva en este país. Estos avisos venden toda clase de diversiones. Entre ellas: películas, espectáculos, conciertos, deportes y parques de diversiones. En grupos pequeños crea* *un aviso para «vender» a los espectadores tu clase de español. Preséntalo a la clase.*

B. ¿Cómo era la película? *Escribe la reseña de una película que hayas visto recientemente. Debes incluir en tu crítica el país de origen del film, el año en que salió, el director, los intérpretes, el género (comedia, drama, documental), la cinematografía, el argumento* (plot), *los defectos, las virtudes y tu impresión personal. Presenta tu reseña a la clase y contesta las preguntas que te harán tus compañeros.*

C. Entrevista. *Haz una entrevista a un(a) hispanoparlante (si es posible) sobre el tema de las diversiones. ¿Cómo usan sus horas libres? ¿Qué hacen los fines de semana y durante las vacaciones? ¿Qué tipos de diversiones prefieren? ¿Qué deportes practican? ¿Qué programas de televisión ven normalmente y por qué? ¿Cómo son sus fiestas y cómo se diferencian de las tuyas?*

Diario

En tu diario escribe dos o tres párrafos sobre uno de los temas siguientes: La semana pasada, ¿qué es lo más divertido que has hecho o te ha ocurrido? o ¿qué es lo peor te ha ocurrido?

Mi diario

____

____

____

____

____

____

____

____

____

____

____

____

____

CAPITULO 8

Las relaciones humanas

- **Expresiones para las relaciones personales**
- **Lenguaje para invitaciones**

I. ¿COMO SE DICE?

Expresiones para las relaciones personales

El ser humano es «un animal social», es decir, no vivimos solos sino que formamos parte de la sociedad. Las relaciones interpersonales constituyen el núcleo de esa vida social. En nuestra sociedad, la familia es tradicionalmente el centro de la vida social, pero el concepto de familia ha cambiado durante los últimos años. Muchos matrimonios duran muy poco, y la tasa *(rate)* de divorcios ha crecido enormemente, creando así situaciones nuevas para las personas involucradas *(involved)*. Además, muchas personas viven juntas antes de casarse o simplemente prefieren no contraer matrimonio. Las parejas homosexuales tampoco siguen las reglas sociales tradicionales. Estos cambios en nuestra actitud afectan también a nuestro vocabulario. Es importante poder expresarnos sobre estas relaciones íntimas y fundamentales que cada vez se vuelven más complejas.

VOCABULARIO ACTIVO

acabar	terminar
amar[1]	
caerle (bien/mal a alguien)[2]	
casarse (con)	*to marry*
comprometerse	*to commit, to become engaged*
criar	*to raise*
criarse	*to grow up*
dejar	*to leave (someone)*
durar	*to last*
estar enamorado(-a)	*to be in love*
enamorarse (de)	*To fall in love*
llevarse (bien/mal con alguien)	*to get along well (or badly) (with someone)*
pelear(se)	*to fight*
querer[1]	*to love, want*
romper (con alguien)	*to break up (with someone)*
salir juntos	*to go out together*
tener(le) cariño (a alguien)[1]	
tener ganas (de)	*to feel like*
vivir juntos	*to live together*

(el) amigo(-a) íntimo(-a)	
(la) amistad	*friendship, friend*
(la) cita	*date, appointment*
(el/la) compañero(-a)[3]	
(el) divorcio	
(el) matrimonio	*marriage, married couple*
(la) pareja	*pair, partner*
culto(-a)	*refined, cultured*
duradero(-a)	*lasting*
unido(-a)	*close*
«Es muy buena gente.»	*S/he is a great person.*

Ampliación de palabras

1. **Amar, querer, tener cariño.** Aunque todos aprendemos el verbo **amar,** y la palabra **amor** se deriva de él, muy pocas personas usan **amar** en la vida diaria. Es poco usual decirle a otra persona «te amo» —suena como las telenovelas. Normalmente usamos el verbo **querer. Querer** se usa también para expresar nuestros sentimientos hacia un buen amigo. También se usa mucho la expresión **tener cariño** cuando queremos indicar nuestros sentimientos hacia un amigo, por ejemplo **Laura es muy buena gente, le tengo mucho cariño.**
2. **Caer bien, gustar.** La palabra **gustar** cuando se usa para referirse a una persona, implica una atracción física o emotiva hacia esa persona. Para referirnos a alguien que nos es simpático pero por el que no sentimos ese tipo de atracción, usamos **caer bien: Pedro es muy simpático; me cae muy bien.**
3. **Compañero(-a), novio(-a).** Las actitudes hacia las distintas relaciones interpersonales han cambiado mucho, y por eso las palabras que se usaban tradicionalmente para referirse a éstas—como **novio(-a), esposo(-a)**—algunas veces no son adecuadas. En los últimos años se ha popularizado la forma **compañero(a)** para referirse a la persona que comparte una relación personal. Esta palabra es neutra: no implica los valores tradicionales de la sociedad. En inglés, la expresión equivalente es *significant other.*

Actividades

A. **Encuesta.** *Camina por el salón de clase haciendo preguntas para averiguar cuáles de tus compañeros de clase tienen las siguientes características. Cuando encuentres a alguien que corresponda a una de* *las frases, pídele que firme en el espacio en blanco. Trata de conseguir todos los nombres posibles para cada frase y no te olvides de hacerle preguntas también a tu profesor(a). Luego comparte los resultados con la clase.*

____________________ es hijo único (hija única). (No tiene hermanos.)

____________________ es el/la menor de la familia.

____________________ está casado(-a).

____________________ tiene hijos.

____________________ no quiere casarse jamás.

Los padres de ____________________ emigraron a Estados Unidos desde otro país.

Los padres de ____________________ hablan un idioma diferente del inglés.

____________________ se crió en otro estado.

____________________ se crió en otro país.

____________________ dice que se enamora con frecuencia.

____________________ está enamorado(-a).

B. ¿Verdad o mentira? *Lee las siguientes frases. De acuerdo con lo que crees clasifícalas en una escala de 1 a 5: 1 = no estoy de acuerdo en absoluto; 2 = no estoy de acuerdo; 3 = no tengo opinión; 4 = estoy de acuerdo; 5 = estoy totalmente de acuerdo.*

1. Si una persona no tiene padres cariñosos, jamás será capaz de tener una relación verdaderamente íntima.
2. Si una persona siempre le cae bien a todo el mundo, es porque quiere complacer *(please)* a todos y no es siempre franca.
3. Es imposible tener una relación íntima y ser independiente a la vez.
4. Es más difícil tener una relación duradera hoy en día que cuando nuestros padres eran jóvenes.
5. Un divorcio es siempre negativo para los niños.

6. Las mujeres se comprometen más fácilmente que los hombres.
7. Es necesario vivir juntos antes de casarse.
8. Las mejores relaciones se establecen entre personas que no se parecen.
9. Los celos *(jealousy)* son un componente natural en una relación.
10. Una pareja sin hijos está incompleta.

PARA PENSAR

VOCABULARIO ACTIVO

compartir	*to share*
desarrollar	*to develop*
encargarse (de)	*to be in charge (of)*
lograr	*to achieve*
salir adelante	*to succeed*
(el/la) cónyuge[1]	
(la) crianza	*raising, care*
(la) guardería	*daycare center*
(el) papel	*role*
(los) quehaceres	*chores*
ambos	los dos
a gusto	contento

El siguiente «test» apareció en la revista ***Cosmopolitan en español.*** *Aunque no todo el mundo quiere casarse, todos tienen opiniones sobre los asuntos tratados en el «test».*

¿Listos para el matrimonio?

Cada una de las partes en que se divide este «test» está preparada para definir una de dos cuestiones vitales: qué espera usted del matrimonio y cuán preparado(-a) se halla para *compartir* su vida. Para saber la verdad sobre sí mismo(-a), ¡sea absolutamente sincero(-a) al responder!

PRIMERA PARTE
¿Qué espera usted del matrimonio?

1. ¿Cree que la mejor manera de que la mujer logre desarrollar su pleno potencial es siendo una buena esposa y madre?
   a. Sí
   b. Depende
   c. No
2. ¿Cree que aún es muy difícil para una soltera triunfar en nuestra sociedad moderna?
   a. Sí
   b. Depende
   c. No
3. ¿Cree que la mujer que confía sus hijos a una guardería es una irresponsable?
   a. Sí
   b. Depende
   c. No
4. ¿Cree que puede practicar su carrera y criar a un hijo a la vez?
   a. Sí
   b. Rara vez
   c. No
5. Si fuera usted casado(-a), ¿esperaría que el esposo(-a) compartiera lo más posible los quehaceres de la casa y la crianza de los niños?
   a. Sí
   b. Depende
   c. No
6. ¿Cree usted que el papel femenino en el matrimonio es el de cocinar, atender la casa y criar a los niños?
   a. Sí
   b. Depende
   c. No
7. ¿Cree usted que los niños y las niñas se deben criar de la misma manera?
   a. Sí
   b. Depende
   c. No
8. ¿Cree usted que si la mujer trabajara antes de casarse, debería renunciar a su empleo si su esposo se lo pidiera?
   a. Sí
   b. Depende
   c. No
9. ¿Le molestaría que su esposo(-a) ocupase un cargo con un título impresionante?

a. Sí
b. Depende
c. No

10. ¿Cree usted que cada cónyuge[1] debe realizar los quehaceres de la casa según su habilidad, sin importar su sexo?
    a. No
    b. Depende
    c. Sí
11. ¿Cree usted que el papel principal del esposo es el de proveer a las necesidades familiares y de realizar quehaceres menores en la casa?
    a. Sí
    b. Depende
    c. No
12. ¿Cree que está bien reunirse con los amigos (las amigas) y salir solos(-as) una que otra noche?
    a. No
    b. Depende
    c. Sí
13. Si ambos trabajan, ¿aún cree que es el esposo quien debe encargarse del presupuesto° y de pagar las cuentas? *budget*
    a. Sí
    b. Depende
    c. No
14. ¿Espera usted que las decisiones familiares las tomen ambos cónyuges[1]?
    a. No
    b. Usualmente
    c. Sí
15. ¿Se siente confiado(-a) y seguro(-a) pensando que alguien lo (la) cuida° y se ocupa de usted? **lo . . .** *takes care of you*
    a. Sí
    b. Depende
    c. No

SEGUNDA PARTE

¿Está usted preparado(-a) para compartir su vida?

1. ¿Tiene usted dudas acerca del matrimonio por temor° a perder su independencia? *fear*
   a. Nunca
   b. A veces
   c. Siempre
2. ¿Comparte usted muchas actividades con sus amistades?
   a. A veces
   b. Sí
   c. Rara vez

3. ¿Prefiere entretenerse con sus pasatiempos[1] que salir de fiesta con sus amistades?
   a. No
   b. A veces
   c. Sí
4. ¿Antes de tomar una decisión, la consulta con sus amistades?
   a. A menudo
   b. Poco
   c. A veces
5. En el trabajo, ¿le molesta que acudan a usted° con frecuencia?
   a. No
   b. Depende
   c. Sí

acudan . . . *turn to you*

6. ¿Tienen mucha importancia para usted las amistades?
   a. Sí
   b. Depende
   c. No
7. ¿Es usted firme en sus opiniones aun cuando los demás estén en contra suya?
   a. Depende
   b. Poco
   c. Casi siempre
8. ¿Le encantaría la independencia que conlleva° vivir solo(-a) en una ciudad extraña?
   a. No
   b. No sé
   c. Sí

brings

9. ¿Necesita obtener la opinión de los demás antes de tomar una decisión?
   a. Sí
   b. A veces
   c. No
10. Si estuviera casado(-a), ¿tendría algún inconveniente en entregarle° su sueldo a su esposo(-a)?
   a. No
   b. Depende
   c. Sí

darle

11. ¿Sería usted alguna vez el primero (la primera) de su grupo en expresar una opinión impopular?
   a. No
   b. Depende
   c. Sí
12. ¿Prefiere sentirse cómodo(-a) usando la ropa que le gusta a estar vestido(-a) a la última moda?
   a. Sí

b. Usualmente
c. No
13. Si está enfrascado(-a)° en una discusión y tiene que defender ciertos principios en los que cree, ¿se mantiene firme a toda costa? *involved*
a. No
b. Usualmente
c. Siempre
14. ¿Dejaría de comprar un sombrero que le gusta mucho sólo porque ninguno(-a) de sus amigos(-as) usa sombrero?
a. Sí
b. Quizás
c. No
15. En un restaurante, su compañero(-a) ordena y sugiere un plato que a usted no le gusta. ¿Buscaría usted una excusa para pedir otra cosa?
a. No
b. Casi seguro
c. Sí

PUNTUACION

Para saber su calificación, haga lo siguiente: por cada respuesta suya que sea *a*, anótese 3 puntos; por cada *b*, 2 puntos; y por cada *c*, 1 punto. Sume el número de puntos que ha obtenido en cada sección o parte. Luego vea en qué clasificación cae usted y estudie sus características.

Primera parte Esta sección tiene por objeto determinar si es usted una persona tradicionalista o moderna en sus ideas sobre el matrimonio.

De 35 a 40 puntos. Usted, decididamente, es una persona conservadora. Si las cosas fueran como usted quiere, la mujer se dedicaría a la casa y la familia, el hombre a trabajar sin inmiscuirse° en las cosas de la casa, ya que ese es el terreno de la mujer. Por otro lado, la mujer esperaría que el hombre la apoyase y fuera capaz de satisfacer todas sus necesidades, materiales y espirituales. *meddling*

De 25 a 34 puntos. Usted es una persona que cree que los dos deben tener una carrera o actividad profesional, y al mismo tiempo disfrutar de una vida familiar plena. Usted espera que los dos colaboren en las tareas de la casa y en la educación de los niños. No tiene ideas fijas sobre cuáles son las tareas masculinas o femeninas. Usted estima que ambos cónyuges deben cooperar para que el matrimonio salga adelante.

De 15 a 24 puntos. Sin lugar a dudas, usted es una persona moderna, de vanguardia. Quiere conservar algo de su independencia en cualquier circunstancia. El matrimonio, el hogar, la familia, no le impedirán seguir dedicándose a las actividades personales que le hacen feliz.

Segunda parte Es muy difícil decidirse a renunciar a la propia independencia o reducirla, en favor del matrimonio. Esta parte está diseñada para que la persona sepa si está preparada para dar este paso°.

dar . . . *to take this step*

De 35 a 45 puntos. ¿Dudas? ¡Ninguna! Con mucho gusto cambiaría su independencia por matrimonio. ¡Y cuanto antes, mejor!

De 25 a 34 puntos. No le resulta nada fácil decidirse por el matrimonio. Sin embargo, cuando llegue el momento, tomará esa decisión. Vacilará, sentirá dudas, tendrá algún temor, pero la persona adecuada—en circunstancias propicias—conseguirá vencer toda su resistencia.

De 15 a 24 puntos. Olvídese del matrimonio por el momento. Es usted demasiado independiente para compartir permanentemente su vida con otra persona. Sin embargo, puede cambiar de opinión en el futuro. Ahora no es el momento para el matrimonio . . . ¿pero quién sabe cómo andarán las cosas el año que viene?

Ampliación de palabras

1. **Cónyuge.** Esta palabra quiere decir **esposo o esposa.** Aunque aparece con poca frecuencia en la vida diaria, es importante poder reconocerla, pues es muy común en la literatura y en el español escrito en general.

Comprensión

1. Según los comentarios que siguen al cuestionario, ¿qué tipo de pareja debe buscar tanto la gente tradicionalista como la gente moderna?
2. En tus propias palabras, ¿qué características tiene una mujer tradicionalista, según el artículo? ¿y la mujer moderna? ¿y la persona que recibe entre 25 y 34 puntos en el «test»?
3. Según el artículo, ¿por qué no debe casarse la persona que recibe de 15 a 24 puntos?

Y tú, ¿qué piensas?

1. ¿Cómo sería tu pareja ideal?
2. ¿Debe casarse todo el mundo? ¿Hay que casarse para ser feliz? ¿Por qué lo dices?
3. ¿Por qué crees que la tasa de divorcios es tan alta? ¿Cuáles son los aspectos positivos y negativos de esto?
4. Después de un divorcio, ¿cuál crees que es el mejor arreglo *(arrangement)* para los niños?
5. ¿Cuál es la edad ideal para casarse? ¿Por qué?
6. ¿Qué crees que es importante para poder mantener una buena relación con otra persona?

7. ¿Conoces a alguna pareja que tenga una relación muy especial que tú admiras? ¿Qué es lo que admiras más de esa relación?

Actividades

A. **Cuestionario.** *Contesten las preguntas del «test,» convirtiendo las respuestas en sus valores numéricos. En parejas, lean la descripción correspondiente y expliquen al otro por qué están de acuerdo o no con la descripción.*

B. **¡Dialoguemos!** *En grupos de tres o cuatro, escojan una de las preguntas del cuestionario para discutir. Luego hagan un resumen de los puntos de vista del grupo para presentarlo a la clase.*

PARA PENSAR

VOCABULARIO ACTIVO

regalar — *to give a gift*

(el/la) amado(-a)[1]
(el/la) querido(-a)[1] — *loved one, sweetheart*

(el) recuerdo	*memory*
(la) regla	*rule*
(el) sueño	*dream*
para siempre	*forever*

El primer amor

Silvio Rodríguez, cantante cubano, es uno de los músicos más conocidos hoy en día en el mundo hispánico. La mayoría de sus canciones tiene un tema político o social. Esta tiene un tema más dulce: la inocencia de un amor infantil.

Imagínate

Imagínate
que desde muy niño
te llevaba flores
te daba mi abrigo

imagínate
que soy el amigo
de tu mismo grado
que lleva tus libros

imagínate
que soy de tu calle
que siempre pasé
por donde miraste

imagínate
que hasta mi perro
me busca en tu puerta
cuando me le pierdo°

imagínate
que eres mi dama°
mi último sueño
mi más roja flama

imagínate
que somos nosotros
tú y yo para siempre
que no eres de otro.

cuando . . . cuando no me encuentra
mi . . . *my lady*

Ampliación de palabras

1. **Amado(-a), querido(-a).** Puede ser sustantivo **(el amado)** o adjetivo **(mi amado hermano)** pero se usa raramente en la vida diaria. Como adjetivo es más común decir **querido(-a): los seres queridos** o, al comenzar una carta, **Querido Juan.** Pero **querido(-a)** tiene connotaciones muy especiales y por eso debe usarse con cuidado. En general, significa **amante** y la forma femenina, como en **Tiene una querida,** significa la mujer que es mantenida por un hombre casado con otra mujer.

Comprensión

¿Son verdaderas o falsas las siguientes oraciones? Cita el verso de la canción en que has basado tu respuesta.

1. Los niños de la canción eran vecinos.
2. La niña tenía un perro.

3. El niño le ayudaba a su amada con sus tareas escolares.
4. El cantante era bastante mayor que la niña.
5. El cantante le regalaba cosas a su amada.

Y tú, ¿qué piensas?

1. ¿Cuándo te enamoraste por primera vez? ¿Cómo se llamaba esa persona? ¿Qué recuerdos tienes de él (ella)? ¿Cómo reaccionaron tus padres?
2. ¿Qué reglas tenían tus padres sobre tus citas? ¿A qué edad te dejaban salir con personas del otro sexo? ¿Obedecías siempre esas reglas?

Actividad

¡Qué difícil es ser padre! *Imagina una de las siguientes situaciones y representa—con uno o dos compañeros de clase—la conversación entre los personajes involucrados. 1. Un(a) muchacho(-a) de doce o trece años quiere salir a una cita. Los padres de ella ponen una serie de condiciones y reglas (como hora de llegada, adónde ir, etc.) 2. Un(a) muchacho(-a) de doce o trece años quiere tener un(a) novio(-a) formal* (steady). *Los padres se oponen totalmente.*

II. ¿COMO SE DICE?

Lenguaje para invitaciones

Más expresiones

Para invitar

¡Vamos a tomar un vino!

Para aceptar

¡Sí, cómo no!
¡Por supuesto!

Para rehusar

Disculpe usted. Tengo otros planes.
Me gustaría mucho, pero . . .
Se (te) lo agradezco, pero no puedo.
Muchas gracias, pero no puedo.

VOCABULARIO ACTIVO

agradecer[4]
disculpar — *to excuse, pardon*
invitar[3]
rehusar — no aceptar
venir(le) bien (a alguien) — *to be convenient*

(el) compromiso — *commitment*

¡cómo no! — *sure, of course*
con mucho gusto — *gladly*

¿(Le/te) gustaría . . . ?	
¿(Le/te) importa/importaría[2] que . . . ?	
¿(Le/te) molesta/molestaría[2] que . . . ?	
por supuesto	*of course*
vale[1]	*OK[1]*

Ampliación de palabras

1. **Vale.** La palabra **vale** se usa sólo en España. En otros países se oye decir **OK** o **está bien.**
2. **Importar.** Cuando usamos fórmulas sociales como **¿Te importa . . .** ? o **¿Te importaría . . .** ?, **¿Te molesta que . . .** ? o **¿Te molestaría que . . .** ?, el verbo que sigue a la frase va en *subjuntivo,* o se usa el infinitivo si el sujeto de los dos verbos es el mismo, por ejemplo, **¿Te importa venir con nosotros?**
3. **Invitar.** En el mundo hispano cuando alguien dice **Vamos a tomar un vino (o un café)** se supone generalmente que la persona que lo dice está invitando a la otra y que pagará la consumición de ambos. La idea de pagar cada uno lo que consume se va haciendo cada vez más popular, pero la mayoría de las personas se ofenderían si insistiéramos en pagar cuando ellos nos han invitado.
4. **Agradecer. Te lo agradezco** (o **se lo agradezco** si se emplea **usted** con la persona) es más formal que la palabra **gracias.**

Actividad

Un nuevo amigo. Estás de viaje en un país hispano, y uno de tus mejores amigos te ha dado el número de teléfono de su primo(-a) que vive allí. Tu amigo te dijo que su primo(-a) es muy simpático(-a) y que te caería muy bien. Llama al primo (a la prima) por teléfono y ponte de acuerdo con él (ella) para que se conozcan pronto. En pares, representen los dos papeles: el primo(-a) y el (la) turista.

PARA PENSAR

VOCABULARIO ACTIVO

acudir	*to resort to, turn to*
conseguir	obtener

recurrir	acudir
sentirse solo(-a)	*to feel lonely*
vincular	unir
(las) ganas[1]	*desire, wish*
(la) mayoría	*majority*
(el) nivel	*level*
(la) soledad	*solitude, loneliness*
(el/la) solterón(a)[2]	
comprensivo(-a)	*understanding*
(un) hombre «hecho»[3]	
(la) media naranja	*better half, partner*
(el) príncipe azul	*Prince Charming*

El siguiente artículo fue publicado en la revista argentina ***Somos.***

El negocio de la soledad

Las promesas que hacen los diarios son atractivas: *Encuentre a su pareja . . . conozca gente a su nivel . . . encuentre con quien compartir su vida . . .* Algunas aseguran: *¡Adiós a la soledad!*

Los avisos de las agencias matrimoniales proliferan desde hace un tiempo en este país—en Estados Unidos y Europa llevan mucho más tiempo—con un objetivo claro: juntar dos soledades.

¿Conseguir novio a través de una agencia? La nueva posibilidad que ofrece el *mercado* no puede menos que sorprender a quienes pensaban que lo normal era pasar por el riesgo personal de la conquista y el cortejo°. Según los responsables de casi diez agencias consultadas, los motivos que llevan a la gente a buscar su *media naranja* por medio de una agencia pueden resumirse así: *courting*

—Muchos tienen pocas oportunidades para conocer a otros, mientras algunas personas confiesan directamente que no quieren perder tiempo.

—La timidez y la inseguridad—no sentirse un *material apetecible*° en el mercado del amor—son características bastante comunes a la mayoría de sus clientes. **atractivo**

—Las edades: contrariamente a lo que creen muchos—que a estas agencias van solamente solteronas[2] sin esperanza o señores casi seniles—los candidatos con que cuentan estas agencias tienen entre 20 y 70 años.

—El hecho de que tengan gente cada vez más joven en sus listas es porque éstos, cansados de perder tiempo, creen que sólo a través de una

agencia podrán relacionarse con otros chicos que tengan los mismos intereses y fines serios.

—Las mujeres, en general, buscan un hombre «*hecho*»[3], sin un pasado complicado y con un futuro claro. Los hombres no buscan que la mujer tenga necesariamente su mismo nivel socioeconómico, sino que sea el ideal típico: bonita, comprensiva y culta.

—La apariencia física es muy importante, por lo que no se aceptan gordos ni gordas.

Marta Inés Cárcano, de la agencia *Mics*—que tiene grandes anuncios que dicen «Exito logrado: 70 por ciento»—asegura que «La soledad es un fenómeno que existió siempre. Pero ahora se agrava porque ya no existe el ideal del *príncipe azul* para ellas y de la *mujer madre de mis hijos* para ellos. Hoy en día ambos se enfrentan a los mismos problemas y situaciones—divorcios, falta de tiempo—y todo esto les complica la vida.» Según la señora Cárcano, la mayoría de sus clientes son profesionales.

Un enfoque distinto es el que utiliza Silvia Sarhan, directora de *Selevip*. «Somos una agencia nueva que trabaja con un grupo de psicólogos y asistentes sociales para analizar mejor la personalidad y necesidades del cliente.» El sistema es de lo más novedoso°: los interesados envían un cuestionario por correo, que cuando llega a *Selevip* se procesa en una computadora. En 4 o 5 días el cliente recibe *perfiles* de las personas con las que puede congeniar°. Nada se deja al azar°, desde los gustos o deportes, hasta cuánto gana por mes, si tiene propiedades, tarjetas de crédito, antecedentes familiares, pasado amoroso, importancia que da a las relaciones sexuales y otros detalles. En los casos en que la gente de *Selevip* crea que hay algunos puntos dudosos en la vida del cliente, la empresa contrata—con autorización del cliente—un servicio de investigaciones para aclarar la vida del candidato.

innovative

llevarse bien/ *chance*

Otra agencia es *Alto Nivel*. Su directora, Dolores, cuantifica sus resultados: el 90 por ciento de los clientes encuentran una pareja, y el 60 por ciento se casan. «Muchos vienen con ganas[1] de casarse y algunos lo consiguen muy pronto: la mayoría dentro de los primeros tres meses.

Ampliación de palabras

1. **Las ganas.** Cuando una persona no quiere hacer algo, puede expresar esta idea de varias maneras, como **No quiero hacerlo,** o **No me interesa.** Pero si quiere enfatizar más esta idea, puede usar la expresión **No me da la real gana.**
2. **Solterón(a).** Hay muchas palabras coloquiales para referirse a una persona que no se ha casado. Tradicionalmente, la sociedad esperaba que la mujer se casara y por lo tanto existe el estereotipo de la **solterona** a la que la gente se refiere con diversas expresiones—**jamona, se quedó para vestir santos, se quedó en la percha**—mientras que aunque existe la palabra **solterón**—o **solterón empedernido** *(confirmed bachelor)*—no tiene las connotaciones negativas asociadas con **solterona.**
3. **Un hombre «hecho».** Se entiende por **hombre hecho** aquél que no solamente es maduro y responsable, sino que tiene medios suficientes (dinero suficiente) para vivir cómodamente. Según ideas tradicionales, eso lo convertiría en un buen candidato para el matrimonio.

Comprensión

1. ¿Cuáles son las razones por las que la gente acude a una agencia matrimonial o de amistades, según el artículo?

2. Según el artículo, ¿qué tipo de persona busca la mayoría de las mujeres? ¿y los hombres?
3. ¿En qué se basan las agencias para decidir quién es compatible con quién?
4. ¿Qué cosas se preguntan en el cuestionario?
5. ¿Son eficaces las agencias? ¿Por qué?

Y tú, ¿qué piensas?

1. ¿Existen agencias de este tipo en tu región? ¿Qué sabes de ellas?
2. ¿Por qué crees tú que la gente recurre a agencias matrimoniales o de amistades?
3. En tu opinión, ¿qué tipo de persona acude a estas agencias?
4. ¿Cuáles son las mejores maneras de encontrar pareja?
5. ¿Has salido alguna vez a una cita «a ciegas» (con alguien que no conocías)? ¿Cómo te fue?

Actividades

A. **Agencia «corazones solitarios».** *Contesta el siguiente cuestionario. Discute tus resultados con un compañero o compañera de clase.*

CUESTIONARIO

En una escala de 1 a 10, indique cuán importante es para usted que su pareja posea las siguientes características. (Un 10 significa que esa cualidad es imprescindible.)

____ la apariencia física
____ buen sentido del humor
____ la inteligencia
____ intereses en común
____ la habilidad de expresar sus sentimientos
____ el cariño hacia los niños
____ nivel de educación semejante
____ situación económica estable
____ la responsabilidad, la honestidad
____ preocupación por la salud (alimentación, tabaco, drogas, alcohol, ejercicio)
____ la edad

Comentarios adicionales:

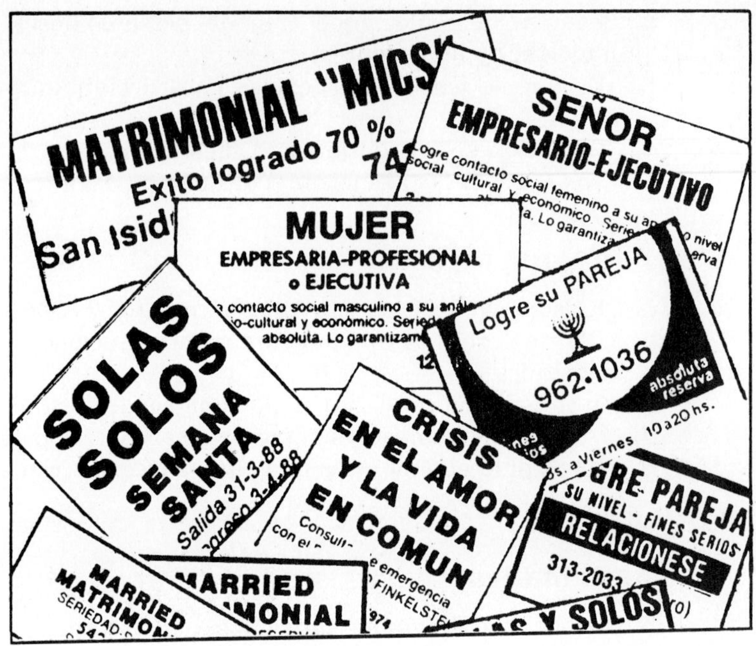

B. Una experiencia desagradable. *¿Cuál ha sido la peor cita que has tenido en tu vida? Prepara un diálogo basado en esa experiencia, o si prefieres puedes inventar una situación.*

SE HABLA DE...

AGENCIAS MATRIMONIALES EN BUSCA DEL PRINCIPE AZUL

Acudir a una agencia matrimonial, o de amistades, es algo que frecuentemente ha tentado a las personas que buscan una pareja. Pero siempre que se recurre a un centro de este tipo se piensa: ¿Realmente va a funcionar?

PARA PENSAR

VOCABULARIO ACTIVO

echarle la culpa (a alguien)	*to blame (someone)*
enfrentarse (con)	*to confront*
lograr	*to achieve*
(la) ayuda	*aid, help*
(la) burla	*ridicule*
(el) chiste	*joke*
(los) derechos civiles	*civil rights*
(la) discriminación	
(la) homosexualidad	
(la) lucha	*struggle, fight*
(el) prejuicio	*prejudice*
(el) SIDA	Síndrome de Inmuno Deficiencia Adquirida *(AIDS)*
diario(-a)	de todos los días
escondido(-a)	*hidden*

Otra manera de ser

Aunque sabemos que la homosexualidad ha existido siempre, hasta hace algunos años era un tabú en nuestra sociedad. Las personas homosexuales lo escondían y el tema no se mencionaba públicamente, aparte de algunos chistes crueles. A partir de los años sesenta en Estados Unidos y en muchos otros países comenzó un movimiento de lucha por los derechos civiles de los homosexuales. Hoy ya no hablamos de homosexualidad sino de «preferencia sexual», como una decisión de cada individuo, pero a pesar de esto los homosexuales siguen enfrentándose con numerosos problemas en la vida diaria. El más común es la burla e incomprensión de muchos individuos. Es «normal» escuchar chistes y comentarios sobre la homosexualidad en conversaciones diarias e incluso en programas de radio y televisión, los cuales son simplemente ejemplos de discriminación contra miembros de nuestra sociedad. Además, la vida de los homosexuales se ve afectada por una clara discriminación por parte de las instituciones sociales, políticas y religiosas. Por ejemplo, la mayoría de los estados en Estados Unidos no reconocen el matrimonio entre personas del mismo sexo y, por esta razón, a estas parejas no se les permite adoptar niños o participar en diversos programas de ayuda a niños necesitados°. Muchas compañías ofrecen a sus empleados como parte de los beneficios de empleo seguros de salud y de vida para todos los miembros de la familia. Sin embargo, las parejas homosexuales no pueden beneficiarse de estos seguros, lo que, en muchos casos, obliga a los dos miembros de la pareja a comprar dos pólizas individuales, con lo cual incurren en gastos innecesarios. Y últimamente los homosexuales se enfrentan con un claro problema de discriminación: muchas compañías de seguros se niegan a venderles seguros de salud o de vida. La excusa para esto es el fantasma del SIDA. La sociedad le echa la culpa de esta trágica enfermedad a los homosexuales y presupone, además, que todos ellos la han contraído. En conclusión, aunque la lucha por los derechos civiles de los homosexuales ha logrado en los últimos años que la sociedad acepte un poco más una forma distinta de vida, falta aún mucho para conseguir que la sociedad acepte a cada individuo como es, sin prejuicios discriminatorios de ningún tipo.

needy

Comprensión

1. Según el artículo, ¿han logrado los homosexuales los mismos derechos que otros miembros de la sociedad?
2. ¿Qué maneras de discriminar contra los homosexuales menciona el artículo?
3. ¿De qué manera contribuye la enfermedad del SIDA a la persecución de los homosexuales?

Y tú, ¿qué piensas?

1. ¿Cómo se trata a la gente homosexual en tu región? ¿Puedes dar ejemplos? ¿Existe alguna organización en tu universidad para los homosexuales? ¿Con qué fines existen tales organizaciones?
2. ¿Deben los homosexuales poder casarse y tener todos los derechos de los matrimonios heterosexuales?
3. ¿Por qué crees que se cometen actos de violencia contra los homosexuales?
4. ¿Puedes pensar en otras formas de discriminación que son similares a las que sufren los homosexuales?

Actividad

A. **Encuesta periodística.** *Imagina que un(a) periodista extranjero(-a) de visita en Estados Unidos está investigando las relaciones interpersonales de los estudiantes universitarios. El (la) periodista decide entrevistar estudiantes de diferentes universidades. En gru-*

pos, preparen una lista de ocho preguntas. Luego divídanse en parejas: un estudiante hará el papel del (de la) periodista y el otro el papel del estudiante. Pueden incluir los siguientes temas en la entrevista: relaciones íntimas entre diferentes razas o religiones; los efectos del divorcio; expectativas sobre el matrimonio; conflictos entre familia y carrera; aceptación y prejuicios ante la homosexualidad.

B. Carta al editor. *Recientemente durante un concierto de rock en California, un miembro del grupo musical incitó al público a que golpearan a todo homosexual que encontraran al salir del concierto. Un político local que estaba en el concierto expresó su ira al día siguiente y propuso al ayuntamiento* (city council) *que se prohibiera al grupo de rock dar conciertos en esa ciudad. En grupos, escriban una carta al editor del periódico local en apoyo de la propuesta o en contra de ésta. Deben dar razones para defender una u otra posición.*

MAS ALLA

Entre dos mundos

En la cultura norteamericana hay poco contacto físico entre las personas. Lo contrario ocurre en el mundo hispano: el espacio personal que ocupa cada uno es mucho menor y es corriente que la gente toque o esté muy cerca de la persona con la que habla. Cuando dos amigos caminan por la calle, por ejemplo, no es extraño que uno de ellos lleve al otro tomado por el brazo. Y tampoco es extraño que los niños caminen por la calle cogidos de la mano. Algunas veces, cuando un estadounidense y un hispano conversan, se puede notar que el hispano se acerca más y más mientras el otro retrocede poco a poco. La actitud ante el contacto físico puede verse también cuando se conocen dos personas, sobre todo si son un hombre y una mujer: el hombre besa a la mujer en la mejilla, tanto al ser presentados como al despedirse. Esto sorprende mucho a las personas que no están acostumbradas a tanto contacto físico.

Palabras, palabras, palabras

A. *¿De qué otra manera pueden expresarse las palabras en bastardilla?*

1. *Nos dejamos* hace un año.
2. Tu hermano es muy *simpático.*
3. Sara y yo somos *buenas* amigas.
4. —¡*Muchas gracias*, señor Alberti!
5. —Señora, ¿le *molestaría* que abriera la ventana?
6. En el habla *de todos los días* es más común decir «te quiero» que «te amo».

B. *Termina la frase con una palabra apropiada.*

1. Ramón no me __________ bien, porque es bastante orgulloso.
2. Cecilia y su marido vivieron __________ dos años antes de casarse.
3. La __________ de los hijos es la responsabilidad de ambos padres.
4. El lunes no me __________ bien porque tengo un compromiso a esa hora. Sería mejor el martes.
5. Todos los ciudadanos de más de dieciocho años tienen el __________ a votar.
6. La mujer independiente ya no cuenta con encontrar un __________ __________, porque no espera que un hombre sea su salvación.

C. *Completa los párrafos, utilizando sólo una vez las siguientes palabras y haciendo cualquier cambio que sea necesario para la concordancia.*

ambos	**cónyuge**	**divorcio**	**matrimonial**	**quehacer**
solo	**crianza**	**íntimo**	**papel**	**recurrir**

Hoy en día mucha gente ________ a agencias que se dedican a encontrar personas con gustos e intereses semejantes, ya sea con fines ________ o simplemente amistosos. Esto se debe, quizás, a que la tasa de ________ es tan alta en la actualidad que la familia ha dejado de ser el núcleo donde se desarrollan relaciones ________. Muchas personas se sienten ________ pues la familia ya no ofrece el apoyo que ofrecía antes.

En una familia moderna, el ________ que desempeñaba cada ________ en el matrimonio ha cambiado mucho. En algunos aspectos estos cambios son muy positivos, pero en otros la vida familiar se ha vuelto mucho más compleja. La ________ de los niños y los ________ domésticos ya no son exclusivamente la responsabilidad de la mujer, sino de ________ esposos, sobre todo si los dos trabajan fuera de casa.

Para expresarse

Tu pareja ideal. *En parejas, preparen y representen el diálogo entre una persona que va a una agencia de citas y un(a) consejero(-a) de agencia. El (la) consejero(-a) hace varias preguntas sobre gustos personales, ideas, opiniones, etcétera. La otra persona trata de describir a su pareja ideal, y también le cuenta al consejero (a la consejera) algunas experiencias que ha tenido en citas o relaciones previas.*

Diario

En tu diario, escribe unos párrafos sobre las relaciones íntimas, tratando, entre otros, algunos de los siguientes:

¿Con qué tipo de persona te llevas bien por lo general?
¿Qué cualidades tienen tus mejores amigos?
¿Cómo eran las relaciones en tu familia?
¿Cómo sería tu pareja ideal?
¿Cuáles son las características de una relación «buena» y duradera?

Mi diario

CAPITULO 9

Creencias y principios

- **Cómo defender tus ideas**
- **Expresiones de acuerdo y desacuerdo**

I. ¿COMO SE DICE?

Cómo defender tus ideas

Cuando mantenemos una conversación es importante poder expresar nuestras opiniones sobre distintos temas, puesto que todos nosotros tenemos actitudes muy personales frente a la vida. Ya conoces varias maneras de expresar tu punto de vista, pero para hablar de nuestras creencias y principios, es muy útil saber aún más expresiones para conversar sobre estos temas discutibles con los demás.

VOCABULARIO ACTIVO

cambiar de idea (opinión)	*to change one's mind*
estar convencido(-a) (de)	estar seguro(-a) (de)
merecer	*to deserve*
morir(se) (ue)	*to die*
quitar	*to take away*
seguir (i)	continuar

(la) creencia	*belief*
(el) destino[3]	
(la) fe	*faith*
(el) miedo	*fear*
(el/la) narcotraficante[1]	
(la) pena de muerte	*the death penalty*
(el) ser (humano)	*(human) being*
(la) suerte	*luck*
conservador	
liberal	
a propósito	*by the way*
de todas maneras	*anyway, at any rate*
depende (de)	
hasta cierto punto	*to an extent*
parece mentira (que)[2]	es increíble (que)
por otra parte	*on the other hand*

Ampliación de palabras

1. **Narcotraficante.** Los narcotraficantes son los jefes, los empresarios del narcotráfico, mientras los **traficantes de drogas** son los que venden las drogas en pequeñas cantidades.
2. **Parece mentira.** Las expresiones **¡Mentira! ¡Mentiroso(-a)!** se usan con más frecuencia en español que las expresiones correspondientes en inglés, porque tienen connotaciones mucho menos insultantes en español. Un sinónimo corriente de **¡mentira!** es **¡embuste!**, y de **¡mentiroso(-a)!** es **¡embustero(-a)!**
3. **Destino.** Muchas personas creen que nuestra vida está predeterminada y que no podemos cambiar nuestro destino. Esta idea es muy común en los países hispanos. Hay varias expresiones idiomáticas que reflejan esta idea, como «**Lo que está para uno . . .**» o «**Uno no se muere ni el día antes ni el día después**».

Actividad

Creencias populares. *En todas las culturas del mundo, existen creencias populares que no son totalmente lógicas. En grupos, hagan una lista de las creencias o supersticiones que tienen sus familias u otras personas que conocen. Para empezar, piensen en las cosas que nos traen buena o mala suerte (por ejemplo, encontrar un trébol de cuatro hojas, pasar por debajo de una escalera).*

PARA PENSAR

VOCABULARIO ACTIVO

asegurar	afirmar
experimentar	*to experience*
surgir	aparecer
(la) adicción	
(el) aumento	*increase*
(el) cansancio	estado de estar fatigado
(la) capacidad	la habilidad
(la) droga	
(el/la) drogadicto(-a)	
(la) virtud	*virtue*
agradable	*pleasant*
ilegal	prohibido
estar a punto de	*to be about to, on the verge of*

Ampliación de palabras

1. **Disponibilidad.** Normalmente, un adjetivo o adverbio se deriva de un sustantivo, pero en algunas ocasiones, ocurre lo contrario. Al añadirle la terminación **-ad** (entre otras), convertimos algunos adjetivos en un sustantivo que expresa una idea más abstracta, por ejemplo: **disponible/disponibilidad, hábil/habilidad, locuaz/locuacidad.**

Comprensión

A. *Indica el orden en que se exponen las ideas en el artículo.*

_____ 1. Cuando el drogadicto deja de usar la droga sufre muchas sensaciones desagradables, tanto físicas como mentales.

_____ 2. Hay mucha más gente adicta a la cocaína hoy en día que hace unos años.

_____ 3. Los expertos creen que muy pronto el abuso de cocaína llegará a ser un problema muy grave en España.

El siguiente artículo fue publicado en la revista española ***Cambio 16.***

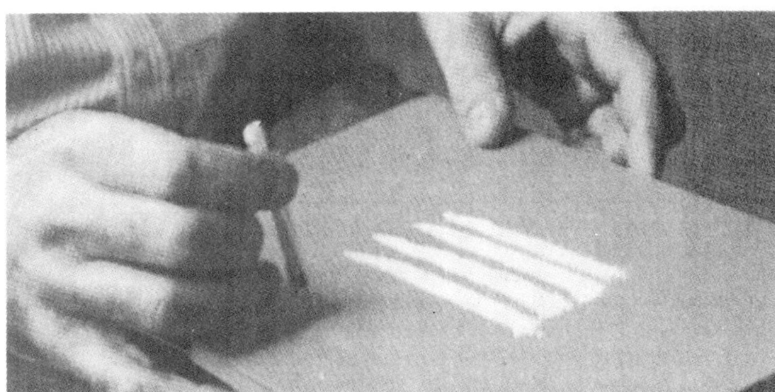

Cada vez tiene más adeptos en España.

Cocaína: la epidemia que viene

TODOS los observadores especializados coinciden en afirmar que España está a punto de sufrir una fuerte epidemia de consumo de cocaína. Al menos eso es lo que aseguran J. Cami y M. E. Rodriguez en un artículo publicado en el último número de la revista *Medicina Clínica.*

Las causas son el enorme crecimiento de la adicción a la cocaína en nuestro país en los últimos 5 años, de más del 60 por ciento y que somos la principal vía de paso de la cocaína procedente de Latinoamérica hacia Europa, por lo que su disponibilidad en determinados ambientes viene siendo habitual.

Los efectos subjetivos tras una dosis de cocaína, generalmente por inhalación nasal, consisten en un estado agradable de mayor fortaleza, capacidad de acción y claridad mental, con disminución de la sensación de cansancio y un aumento de la locuacidad, impaciencia e inquietud.

En definitiva, el individuo experimenta una exageración de sus virtudes, capacidades y habilidades.

La abstinencia se manifiesta en forma de depresión, irritabilidad, ansiedad y amnesia, además de taquicardia, vértigos, opresión y diarreas.

Cuando el uso de la cocaína es continuo y regular, se abandona la familia, los amigos y el trabajo, por lo que surgen dificultades económicas que conducen a actividades ilegales como el tráfico de drogas, la prostitución o la realización de robos y atracos.

crecimiento aumento **taquicardia** *rapid heartbeat* **atracos** *robberies*

_____ **4.** La adicción a la cocaína le complica la vida al drogadicto y muchas veces lo lleva a cometer crímenes.

_____ **5.** La cocaína produce varias sensaciones agradables.

_____ **6.** La cocaína llega primero a España desde los países en que se cultiva y luego pasa a los demás países europeos.

B. *Según el artículo, ¿qué ocurre cuando un individuo usa esta droga de manera regular y continua?*

Y tú, ¿qué piensas?

1. Uno de los problemas más discutidos en nuestra vida actual es el uso de drogas por los jóvenes. ¿Conoces a alguien que use regularmente drogas? ¿Cómo han afectado éstas la vida de esa persona?
2. Muchas personas justifican el uso de marihuana u otras drogas de manera ocasional o esporádica, es decir, en fiestas o reuniones sociales. ¿Qué opinas?
3. Algunas personas dicen que el alcohol es tan nocivo *(harmful)* como la cocaína o la marihuana. ¿Qué piensas de esta idea?
4. ¿Por qué crees que hay tanto consumo de drogas, tanto legales como ilegales, en las sociedades industrializadas?
5. ¿Qué debe hacer el gobierno para controlar el uso de drogas?

Actividad

¿Exámenes de drogas? *La clase se divide en dos grupos. Uno de los grupos preparará una lista de argumentos a favor y el otro grupo preparará argumentos en contra sobre la siguiente pregunta: ¿Tienen derecho el gobierno o algunas compañías a exigir que sus empleados se sometan a exámenes de laboratorio para determinar si estas personas usan drogas en su vida? Una vez preparados los argumentos, los dos grupos mantendrán un debate sobre el tema. El (la) profesor(a) actuará de moderador(a) en el debate.*

PARA PENSAR

VOCABULARIO ACTIVO

admirar

(el) despiste[1] — *absentmindedness, confusion*
(la) envidia — *envy*
(la) falta — *the lack, fault (shortcoming)*
(la) feminidad
(la) hipocresía
(el) rasgo — cualidad, característica
(la) reforma
(la) tenacidad — *perseverance*

actual — *current*
materialista

estar en forma — *to be in good shape*
(el) sueño dorado[2]

Gonzalo Cruz

MARÍA ALBAICÍN

– Rasgo prinicipal de mi carácter........ La tenacidad
– Cualidad que prefiero en el hombre .... La inteligencia
– Cualidad que prefiero en la mujer .... La feminidad
– Mi principal defecto .... El despiste[1]
– Ocupación que prefiero en mis ratos libres .... Pensar
– Mi sueño dorado[2]........ Ser millionaria
– Para estar en forma necesito dormir........ mínimo 9 horas
– Mis escritores favoritos .... Julio Verne, Agatha Christie
– Mis pintores favoritos........ Velázquez, El Greco
– Mis músicos favoritos .... Chopín, Tilrina, Beatles
– Mi deporte favorito .... No hagó deporte.
– Mis políticos favoritos........ Suárez, Jose Antonio Primo de Rivera
– Héroes novelescos que más admiro .... El Rey Arturo
– Hecho histórico que prefiero........ El nacimiento de Cristo
– Comida y bebida que prefiero........ Las lentejas y agua
– Lo que más detesto .... La hipocresía y la envidia
– Reforma que creo más necesaria .... Que bajen los precios
– ¿Cómo quisiera morirme?........ Durmiendo y sin dolor
– Estado actual de mi espíritu........ Tranquilo y en paz
– Faltas que me inspiran más indulgencia[3]........ Las que se cometen por ignorancia

María Albaicín

Nace el dia 1 de marzo de 1948. Bailaora. Desde que irrumpiô en los escenarios se habla de un antes y un después de María Albaicín en el baile flamenco.

Ampliación de palabras

1. **Despiste.** El adjetivo que corresponde a **despiste** es **despistado(-a);** por ejemplo, **Estoy muy despistada hoy.** Significa **olvidadizo(-a), descuidado(-a), distraído(-a).**
2. **Sueño dorado.** Esta expresión se refiere a lo que una persona anhela (desea) tener o lograr en la vida.
3. **Indulgencia.** Esta palabra tiene en español dos sentidos diferentes. Uno de ellos está asociado con la iglesia católica y quiere decir **perdón de los pecados.** El otro, que aparece en la lectura, quiere decir simplemente **perdón.**

Comprensión

1. ¿Quién es María Albaicín?
2. ¿Qué cualidades admira ella en los demás?
3. ¿Cómo se describe a sí misma *(herself)*?
4. ¿Cuál es su deporte favorito?
5. ¿Qué es lo que ella detesta más?
6. ¿Cuál es su sueño dorado?
7. ¿Cómo le gustaría morirse?
8. ¿Cuáles de los siguientes adjetivos le corresponden a María Albaicín? ¿En qué se basa tu decisión?
   conservadora, intelectual, materialista, religiosa, artística

Y tú, ¿qué piensas?

1. ¿Crees que te llevarías bien con una persona como María Albaicín? Explica tu respuesta.
2. ¿Qué crees del sueño dorado de María Albaicín? ¿Te parece que es bueno? ¿Crees que revela algo sobre su personalidad? ¿Es malo querer tener mucho dinero y obtener posesiones materiales?
3. ¿Cuál es tu sueño dorado? ¿Es solamente materialista o tienes otros deseos?
4. ¿Cuál es la cualidad que más admiras en una persona? Explica por qué.

Actividades

A. **Declaraciones íntimas.** *Contesta el mismo cuestionario que María Albaicín y luego compara tus respuestas con las de un(a) o varios(-as) compañeros(-as).*

B. **Vamos a imaginar.** *Divídanse en grupos de tres o cuatro. Piensen en una figura pública que conozcan—en política, música, baile, cine,* *etcétera—y contesten el cuestionario imaginando cómo lo haría esa persona.*

II. ¿COMO SE DICE?

Expresiones de acuerdo y desacuerdo

Cuando intercambiamos ideas con otra persona no sólo tenemos que exponer nuestras propias ideas, sino también reaccionar a lo que opina el otro. En una conversación inteligente debemos ser capaces de expresar, tanto acuerdo, como dudas o reservas, sin ofender a nuestro interlocutor.

Más expresiones de acuerdo y desacuerdo

Las siguientes expresiones pueden connotar hostilidad y por ello deben ser usadas con cuidado.

(No) estoy conforme (con) . . .
(No) coincido (con tu opinión).
Es la pura verdad.
Has dado en el blanco. *You've hit the nail on the head.*
Así es. (No es así.)
(No) soy de la misma opinión.
Dudo que. . . . (Lo dudo mucho.)
No me convence.
Me sorprende (mucho que digas eso).
Sin embargo, no es el caso. *Nevertheless, it's not so (not the case.)*

VOCABULARIO ACTIVO

enojarse[1]
exagerar

ingenuo(-a)	*naive*
injusto(-a)	*unfair*
intolerable	
paternalista	*paternalistic, patronizing*
¡En absoluto!	*Not at all; on the contrary*
estar bromeando	*to be joking, kidding*
las grandes potencias	*superpowers*
No cabe la menor duda (de eso).	*There is no doubt.*
No exageres.	
(No) soy de tu parecer.	No estoy de acuerdo contigo.
(No) te doy la razón.	No soy de tu parecer.

Ampliación de palabras

1. **Enojarse.** Hay varias maneras de expresar este concepto, por ejemplo, **ponerse bravo(-a), enfadarse, molestarse, enfogonarse** (en Puerto Rico).
2. **Tercer Mundo.** Esta expresión se usa ahora en lugar de **países subdesarrollados,** porque no tiene las mismas connotaciones condescendientes.

Actividad

Temas de actualidad. *Lee las siguientes frases a un(a) compañero(-a) de clase, quien debe contestar con una expresión de acuerdo o desacuerdo. Pueden seguir discutiendo cualquiera de los temas que les interese más.*

1. Los narcotraficantes merecen la pena de muerte.
2. Después de la muerte, nuestra existencia continúa de alguna manera.
3. El destino determina nuestro futuro y nuestras acciones no lo cambian.
4. Toda mujer debe tener acceso al aborto si lo desea.
5. Por razones genéticas, los niños son más agresivos y violentos que las niñas desde que nacen.
6. Lo más importante en esta vida es lograr la felicidad personal.
7. La democracia, como la conciben los norteamericanos, podría establecerse en todos los países del mundo.
8. Los norteamericanos son muy materialistas.

PARA PENSAR

VOCABULARIO ACTIVO

hacer falta	*to be lacking*
llevar a cabo	*to carry out*
(el) afecto	*affection*
(el) anticonceptivo	*contraceptive*
(la) apatía	*apathy*
(el) conservadurismo	*conservatism*
(la) costumbre	*custom, habit*
(el) dato	*fact*
(el) desempleo[1]	*unemployment*
(la) encuesta	*survey*
(la) juventud	*youth*
(la) moda[2]	*style, fashion*
(la) ternura	*tenderness*
engañoso(-a)	*deceptive*
progresista	*progressive*
familiar	de la familia
tolerante	

1968

1989

Cuando concluye el Año de la Juventud
una polémica queda en pie:
¿los jóvenes de hoy son más conservadores
o más progresistas?

El siguiente artículo apareció en la revista ***Carta de España.***

Jóvenes: ¿nueva ola de conservadurismo?

Según los informes y encuestas, los jóvenes de hoy en España son más conservadores que los de generaciones anteriores. Este fenómeno se observa tanto en las relaciones personales y familiares como en la política. Recientemente el Instituto de la Juventud llevó a cabo una serie de encuestas que muestran que los chicos de hoy prefieren las «viejas costumbres», como los noviazgos° formales, los matrimonios tradicionales y la apatía política. En el Primer Congreso Español de Sexología, celebrado recientemente en Madrid, se ha llegado a conclusiones similares: a los jóvenes les gustan los ritos° del amor que practicaban sus abuelos. La ternura, el afecto, los amores platónicos y eternos son la nueva moda[2]. Los libertinos° que surgieron en 1968 han pasado de moda ante la ola de conservadurismo que nos invade.

La tesis del francés Yan de Kerourgen, autor del libro *El placer casto*°, coincide plenamente con las conclusiones de la encuesta y el congreso citados. Este investigador afirma que hay un retorno al romanticismo, y que en esta nueva actitud han influido ciertos problemas relacionados con las relaciones amorosas y sexuales como «el divorcio, los anticonceptivos y el reconocimiento social de la homosexualidad».

También en Estados Unidos se notan estos cambios de actitud entre la juventud. Un estudio hecho en la Universidad de Washington asegura que «el sexo ya no es tan libre como hace años.» Todas las investigaciones realizadas parecen coincidir en que la juventud actual ha pasado de la extroversión y el inconformismo a la introversión y el puritanismo, aunque no se puede hablar de normas de conducta que incluyan a toda la juventud.

Sin embargo, hay personas que no están de acuerdo con la idea de que los jóvenes de hoy son más conservadores. Una de estas personas es Josep María Riera, director general del Instituto de la Juventud, quien opina que «parece que nada queda de aquella juventud revolucionaria de hace ya casi veinte años y parece que los jóvenes son ahora dóciles, insípidos y tremendamente conservadores.» Pero Riera cree que esa aparien-

engagements

rituals

personas de costumbres sexuales muy libres/

El . . . *Chaste Pleasure*

cia es engañosa, pues en su opinión «los jóvenes de ahora son mucho más abiertos y tolerantes que los de hace diez o veinte años.» Señala también que la juventud participa actualmente más en la vida política, y concluye: «los jóvenes de hoy son más modernos, más progresistas, más tolerantes y más creativos que las generaciones anteriores.»

Estas dos posiciones opuestas dependen de cómo se interpreten los datos. El hecho de que los jóvenes vivan más tiempo con su familia no implica que mantengan relaciones cordiales con ésta, sobre todo teniendo en cuenta° que muchos jóvenes deben vivir con sus padres por razones ajenas a su voluntad°. Por otra parte, desear una estabilidad económica tampoco puede llamarse «conservadurismo», sobre todo cuando el desempleo[1] apunta hacia un futuro difícil. Y si ya no se habla de revoluciones políticas, es tal vez porque ya no hacen falta, o porque hoy en día se pueden exigir cambios, de maneras menos radicales.

teniendo . . . *bearing in mind/*
ajenas . . . *contrary to their wishes*

Ampliación de palabras

1. **Desempleo.** Un sinónimo frecuente de **desempleo** en España es **paro.**
2. **Moda.** La expresión **estar de moda (en boga)** se utiliza mucho, por ejemplo, **La minifalda estaba de moda en los años sesenta.** Otra expresión relacionada es **estar pasado(-a) de moda** *(out of style).*

Comprensión

Identifica las ideas de cada una de las fuentes citadas en el artículo.

Yan de Kerourgen, Estudio de la Universidad de Washington, Primer Congreso de Sexología, Josep María Riera, el autor del artículo

__________ 1. Los jóvenes de hoy parecen más conservadores pero en realidad son más progresistas y tolerantes que los de hace veinte años.

__________ 2. Hoy en día hay menos libertad sexual en Estados Unidos que en los años sesenta.

__________ 3. Las dificultades de la vida sexual y afectiva han causado que los jóvenes se sientan atraídos por un nuevo romanticismo.

__________ 4. Las conclusiones sobre las prácticas amorosas actuales dependen de cómo interpretamos los datos que tenemos.

__________ 5. Las necesidades afectivas son más importantes para los jóvenes que la libertad sexual.

Y tú, ¿qué piensas?

1. ¿Crees que la juventud de Estados Unidos se ha vuelto más conservadora que antes? ¿Puedes dar ejemplos a favor y en contra de esta idea?

2. ¿Existe el problema del desempleo entre la juventud en Estados Unidos? ¿Qué consecuencias tiene?
3. ¿De qué maneras se rebela la juventud de hoy contra la sociedad?
4. ¿Es común que los jóvenes vivan con sus padres después de terminar sus estudios? ¿Por qué? ¿Cuáles son los aspectos positivos y negativos de esto?
5. ¿Quién es la persona más liberal de tu familia? ¿la más conservadora? ¿la más excéntrica? ¿Por qué lo crees?

Actividades

A. **Diferencias generacionales.** *En esta actividad vas a decidir quién es más conservador, tú o tus padres. Haz una lista de palabras o frases que describan las actitudes de tus padres comparadas con las tuyas y luego determina quién es más conservador. Añade otras posibilidades a las que se indican a continuación. Compara tu lista con la de otras personas en la clase.*

	Principios de mis padres	**Mis principios**
Partido político		
Actitud ante estilos de vida diferentes		
Opinión sobre el matrimonio		
Papel del hombre y de la mujer en la sociedad		
Importancia de las posesiones materiales		
La religión		

B. Conflicto familiar. *En grupos de dos o tres, inventen una conversación entre un padre (o unos padres) de la generación de los años sesenta y su hijo(-a) que es mucho más conservador(a) que ellos. Los padres se preocupan mucho por causas sociales y el hijo (la hija) quiere hacerse banquero(-a) o militar.*

PARA PENSAR

VOCABULARIO ACTIVO

dañar	*to harm*
pertenecer (zc)	*to belong (to)*
soler (ue)	*to be in the habit of*
someter	*to subject*
trasladar	*to move: to remove*
(la) secta	*sect*
escaso(-a)	poco abundante: *limited*

La revista española ***Cambio 16*** *publicó el siguiente artículo.*

El panorama religioso de hoy

Su profesión podría figurar entre las de más riesgo.° Sufren atentados°, persecución legal y algunos han pasado por la cárcel. Cambian con frecuencia de casa y de ciudad para no ser localizados, y según los expertos, no hay más de veinte entre Estados Unidos y Europa. Son los desprogramadores, es decir, los profesionales encargados de volver a la *normalidad social* a los miembros de las sectas. Son los nuevos exorcistas. **peligro/ataques**

El método usado por los desprogramadores es similar en todo el mundo. En este momento tienen más detractores que simpatizantes. Por un lado, es ilegal, ya que la mayoría de las veces actúan sobre personas mayores de edad°, privándolas de su libertad. Y por otro lado, pueden dañar gravemente la salud síquica de los sujetos si no es realizado por profesionales cualificados. **mayores . . .** *of legal age*

El primer caso de españoles desprogramados hecho público fue el de los hermanos Verónica y Daniel Molina en 1981. Los dos pertenecían a la secta *Hare Krishna*. Verónica fue llevada por su padre a West Virginia y Daniel fue trasladado mediante engaños° a un hotel en Ceuta. Verónica **mentiras** se recuperó, pero su hermano regresó a la secta y realizó una declaración jurada° relatando todo lo sucedido.

sworn

«Me llevaron—escribió Daniel—a una habitación de un hotel donde me esperaban diez personas. Cuatro de ellos eran americanos y los seis restantes eran *gorilas* contratados° en Barcelona para impedir que me fugara. El aislamiento° era total ya que puertas y ventanas estaban cerradas a cal y canto°. Durante tres días me sometieron continuamente a un bombardeo negativo sobre mis creencias, turnándose° en los interrogatorios. Me ponían cassettes de música rock y me obligaron a ver cortos° pornográficos. De allí me trasladaron a un apartamento en Gerona y después a otro en Palma de Mallorca. Desde ese momento los desprogramadores desaparecieron y empezó a tratarme un sicólogo. Bajo presiones, mi padre me obligó a firmar un documento ante notario en el que se lo autorizaba a actuar legalmente y perseguirme si volvía al movimiento *Hare Krishna*.»

gorilas . . . *hired thugs/isolation*
cerradas . . . *plastered over/*
tomando turnos/
film clips

Para acceder a este tipo de servicios el dinero es fundamental. Para muchas familias significa la hipoteca de sus bienes° o la ruina económica. Ciertas agencias españolas de desprogramación cobran 3.000 pesetas (30 US$) por hora de consulta. Cuando los desprogramadores vienen de fuera, los gastos se elevan entre 25.000 y 200.000 pesetas diarias. El costo medio por desprogramación es de dos millones de pesetas y puede durar entre meses y dos años. Este gasto no asegura el éxito de la operación, pues a partir de los cinco años de pertenencia a una secta destructiva es muy difícil conseguir resultados positivos. El doctor Josep Jansá, director de una agencia de desprogramación española, insiste en que ellos no dejan de aplicar su tratamiento a nadie por falta de recursos económicos. Pero lo cierto es que de los 142 casos atendidos, sólo tres han sido totalmente gratuitos.

hipoteca . . . *mortgage of their possessions*

Los escasos desprogramadores existentes son autónomos y suelen prestar sus servicios a personas individuales y a asociaciones. No tiene un *Manual de desprogramación* oficial, aunque a veces hacen reuniones para intercambiar sus experiencias. Ultimamente se ha acusado a algunos desprogramadores de utilizar fármacos°, hipnosis y violencia física.

drogas

Sectas, asociaciones antisectas y desprogramadores se reprochan los mismos delitos°. Lo cierto es que según los expertos, algunas asociaciones antisectas norteamericanas son tan poderosas y peligrosas como las mismas sectas.

crímenes

Comprensión

1. ¿Por qué se considera peligrosa la profesión de desprogramador?
2. ¿Por qué algunos de los métodos que utilizan los desprogramadores son considerados ilegales?

3. ¿Cómo responden Verónica y Daniel Molina al tratamiento de desprogramación?
4. ¿Cuáles son las etapas de desprogramación por las que pasa Daniel?
5. ¿Cuál es el costo de una desprogramación?
6. ¿De qué se acusa tanto a las sectas como a las antisectas?

Y tú, ¿qué piensas?

1. En tu opinión, ¿cuál es la diferencia entre religión y secta? ¿Cuáles sectas puedes mencionar?
2. ¿Por qué crees que las sectas atraen a tanta gente?
3. ¿Crees que el costo de las desprogramaciones es demasiado alto? ¿Por qué?
4. Si tu hijo(-a) perteneciera a una secta, ¿cómo reaccionarías?
5. Las organizaciones religiosas no pagan impuestos en Estados Unidos. ¿Crees que esto es justo? ¿Por qué?

Actividades

A. **¿Qué crees?** *En grupos de tres a cinco personas cada estudiante elegirá dos o tres preguntas de la lista siguiente para hacérselas a diez estudiantes de la clase. Los estudiantes de cada grupo deben incluir toda la lista. Luego, el grupo se reunirá para estudiar las respuestas. Juntos deben presentar a la clase los resultados de la encuesta.*

1. ¿Crees en un dios o en varios dioses?
2. ¿Asistes a los oficios de tu religión regularmente?
3. ¿Eres más o menos religioso que tus padres?
4. ¿Eres más religioso hoy que hace tres años?
5. En los últimos seis meses, ¿has dado dinero a una organización religiosa?
6. ¿Miras programas religiosos por la televisión?
7. ¿Conoces bien otra religión además de la tuya? ¿Ves elementos positivos en esa religión?
8. ¿Qué es lo que más te atrae de tu religión?
9. ¿Qué cambiarías en tu religión?
10. ¿Cuál crees que es el papel de la mujer en la religión?

B. Mis cosas y yo. *Muchas religiones enfatizan el escaso valor de las posesiones materiales y el predominio del aspecto espiritual. Diversas religiones (budismo, los inicios del cristianismo) buscan una forma de privación material para obtener un estado perfecto de unidad con el ser supremo. La siguiente actividad se basa en el examen personal de tu actitud hacia las posesiones materiales. Haz una lista de diez objetos sin los cuales no puedes vivir. En grupos de cuatro o cinco presenten sus listas y justifiquen los objetos incluidos. El grupo debe elegir entre estos cinco objetos indispensables.*

MAS ALLA

Entre dos mundos

Cuando los españoles llegaron a América, trajeron consigo no solamente su lengua sino también su religión. De hecho, la conquista de América se percibía en su época como una misión para cristianizar a los indios del Nuevo Mundo. Los habitantes originales de América tenían ya sus religiones, y por eso, aunque aceptaron exteriormente el catolicismo, por dentro muchos seguían adorando a sus dioses. Lo mismo ocurrió con los esclavos negros traídos a América. Con el pasar de los años, las religiones indias y africanas desaparecieron como tales°, pero quedaron ritos y costumbres en la memoria de la gente. En los países de Hispanoamérica la gente continúa practicando muchos de estos ritos, muchas veces sin saber cuál es el significado original de lo que hacen. Cuando los ritos pierden su significado religioso y se vacían° de sentido se vuelven supersticiones.

como . . . *as such*

se . . . *become empty*

Hay muchas costumbres de este tipo, al igual que en Estados Unidos y Europa (como bendecir al que estornuda°). Por ejemplo, a los niños y a los animales recién nacidos se les pone un lazo° rojo, para evitar el «mal de ojo» (que una persona les haga daño° al mirarlos). Muchas personas tienen en sus casas una ristra° de ajos colgada en una ventana, para evitar que el mal entre a la casa. Otras veces las supersticiones se mezclan con la religión. Por ejemplo, algunas personas tienen un altar con imágenes a las que rezan° todos los días para pedirles ayuda. Pero aunque la gente no lo sepa, algunas de estas imágenes no son de santos católicos. Lo importante es el sentirse protegidos espiritualmente de cualquier mal posible.

bendecir . . . *blessing someone who sneezes/ribbon/* **haga . . .** *harm/ string*

pray

Palabras, palabras, palabras

A. *¿De qué otra manera pueden expresarse las palabras en bastardilla?*

1. Soy de *tu parecer.*
2. *Usted está equivocado.*
3. *Es increíble* que digas cosas así.
4. *Te doy la razón.*
5. Mi esposo *se enojó mucho* cuando llegué muy tarde.
6. Los expertos *aseguran* que el alcoholismo es una enfermedad.
7. *El rasgo* principal de la primer ministra es su tenacidad.
8. Ya veo que nunca vas a cambiar de *opinión.*

B. *Llena los espacios en blanco con una palabra apropiada.*

1. Hay gente que opina que los narcotraficantes deben recibir la __________ de muerte.
2. En todas las culturas del mundo existen __________ populares sobre lo que trae buena suerte.
3. En algunos casos, los jóvenes tienen __________ más conservadoras que sus padres.
4. El sueño __________ de Manuela es hacerse médica.
5. Las __________ mundiales intervienen en los asuntos de otros países.
6. Parece __________ que haya tantos drogadictos jóvenes.
7. Por otra __________, tal vez muchas enfermedades pueden curarse con hierbas.
8. Hay gente que cree que nuestras vidas están controladas por el __________.

Olivia Newton-John y su consejo para lograr la felicidad: «Gimnasia diaria y casarse con un hombre joven»

Para expresarse

A. ¿Cómo se logra la felicidad?

En grupos de tres o cuatro, discutan primero las ideas de Olivia Newton-John sobre como lograr la felicidad. ¿Qué revelan esas ideas acerca de la personalidad de la actriz y de sus principios? ¿Están ustedes de acuerdo con esos principios?

Preparen luego una lista de lo que ustedes creen que es importante para ser feliz. Pueden incluir tanto cosas materiales como espirituales y afectivas (emotional). *Después compartan la lista con el resto de la clase.*

B. Entrevista. *Fuera de clase, entrevista a un(a) hispanohablante, utilizando el cuestionario de la página 201 y añadiendo cualquier otra pregunta interesante sobre los principios o creencias de esa persona. Más tarde, presenta los resultados a la clase.*

Diario

En tu diario, expón tus ideas sobre alguno(s) de los temas tratados en el capítulo, sobre lo que quisieras hacer y aprender antes de morir, o amplía tus respuestas al cuestionario de la página 201.

Mi diario

CAPITULO 10

Problemas del mundo moderno

- **Cómo narrar acontecimientos**
- **Maneras de expresar cómo pasa el tiempo**

I. ¿COMO SE DICE?

Cómo narrar acontecimientos

Nuestra vida en Estados Unidos es, sin duda, muy moderna y cómoda, pero no todo es perfecto en nuestra sociedad. Existen muchos problemas hoy día que compartimos con los demás países del mundo. Estos problemas nos afectan a todos y por eso es importante que podamos hablar sobre ellos con personas de otros países. La comunicación diaria en nuestra vida social no se limita a algunas frases sueltas. Muchas veces necesitamos poder narrar acontecimientos y hechos que nos han ocurrido o que hemos visto.

VOCABULARIO ACTIVO

acabar de	*to have just (done something)*
contar (ue)	*to tell, recount*
encerrar (ie)	*to lock up*
estacionarse	*to park*
imaginarse	

llevar preso(-a) (a alguien)	*to take (someone) prisoner*
ocurrir	pasar
robar	
soltar	*to set free*
(el) acontecimiento	*event*
(la) llanta[1]	*tire*
(la) manifestación	*demonstration*
(el) suceso	acontecimiento
(el) vidrio[2]	*glass*
deprimido(-a)	*depressed*
después	*after, then*
entonces	*then*
luego	*after, then*
primero (en primer lugar)	
segundo (en segundo lugar)	
es decir	*that is*
por suerte	*luckily*
una vez	
¿Y qué pasó después?	

Ampliación de palabras

1. **Llanta.** Hay varios sinónimos que se usan en distintos países para referirse a las **llantas.** Entre éstas, por ejemplo, en España se dice **neumáticos,** en el Caribe **gomas** y en otros países **ruedas.**
2. **Vidrio.** Un coche tiene varias ventanas, y cuando nos referimos a todas ellas en general, usamos la palabra **vidrios.** Cuando hablamos de una en particular, usamos la palabra correspondiente: **parabrisas** es lo que protege al conductor del aire y otras cosas de la carretera, **ventanas** son las que quedan junto a los pasajeros y **ventanillas** son las pequeñas ventanas triangulares que tienen algunos coches junto a las ventanas para proteger a los pasajeros del aire.

Actividad

La coartada. *El profesor (La profesora) escoge a dos estudiantes y les presenta la siguiente situación. La policía los ha visto a los dos cerca del lugar donde ha ocurrido un crimen y quiere interrogarlos. Los dos estudiantes salen del salón por unos minutos para preparar una coartada* (alibi) *que les permita responder a las preguntas que les van a hacer los detectives, (el profesor* [*la profesora*] *y los compañeros de clase). Una vez* *preparada la coartada, el profesor (la profesora) llama a uno(-a) de los estudiantes y la clase lo interroga. Luego este estudiante sale, y entra el segundo. La clase debe tratar de encontrar defectos en la coartada para probar que los dos estudiantes son culpables* (guilty).

PARA PENSAR

VOCABULARIO ACTIVO

demostrar (ue)	*to show*
empeorar	*to worsen*
suceder	ocurrir
(el) asesinato	homicidio
(la) falta (de)	*lack*
(el) odio	*hatred*
(el) racismo	
(el) renacimiento[2]	*rebirth*
(la) raza[1]	*race*
grave	serio
judío(-a)	*Jewish*

El resurgimiento de grupos políticos de extrema derecha no se limita a Estados Unidos y Europa, sino que también afecta a Latinoamérica. El regreso a la violencia y odios raciales que caracteriza a estos grupos es un fenómeno social que ha recibido mucha atención en la prensa mundial. El siguiente artículo, que apareció en la revista latinoamericana ***Hombre de mundo,*** *ejemplifica la importancia que ha adquirido este tema para los lectores hispanos.*

Ampliación de palabras

1. **Raza.** La palabra **raza** tiene muchas connotaciones muy importantes en el mundo hispano. El día 12 de octubre, por ejemplo, se llama el día de la raza, porque se celebra el descubrimiento de América, pero también el encuentro de dos razas diferentes. En Estados Unidos esta palabra la han usado los hispanos, como una manera de identificarse con su cultura y sus tradiciones.

EL RENACIMIENTO DEL NAZISMO

La más reciente violencia racial que se ha presentado durante los últimos años en Estados Unidos es la que realiza un grupo de jóvenes que se autonombran los "herederos del nazismo".

Los sicólogos y sociólogos que han observado de cerca este resurgimiento nazi opinan que los jóvenes que integran estos grupos tienen una apremiante necesidad de demostrar que, de alguna manera, ellos tienen en sus manos el destino de una raza. Asaltos, asesinatos, muertes sin ninguna justificación, agresiones continuas y una violencia extrema son algunas de las muestras de poder de estos grupos. En una localidad del estado de Illinois, una mujer fue colgada cuando intentaba cruzar un parque público; la razón: su color negro. En otra población, tres jóvenes fueron asesinados sin ningún motivo aparente: dos de ellos eran negros y el tercero confundido con un joven judío.

Además de esta irracional violencia que los caracteriza, su aspecto físico los une y distingue; generalmente visten blue jeans con chamarras sueltas y botas negras. Siempre llevan la cabeza rasurada y una gran cantidad de tatuajes en los brazos y otras partes del cuerpo.

En una ocasión un neonazi declaró que el objetivo de su grupo era resolver los problemas de las razas inferiores con o sin violencia. Jamás ha sucedido que no usen la violencia para manifestar su descontento e insatisfacción.

Los análisis que especialistas en la materia han realizado, demuestran que esta ola de violencia es el resultado de la falta de solución a los gravísimos problemas raciales que existen en el mundo y, concretamente, en Estados Unidos. **HM**

2. **Renacimiento.** En el artículo que has leído, esta palabra quiere decir que algo comienza nuevamente. La palabra **renacimiento** quiere decir, en otro contexto, el período histórico que sigue a la Edad Media, durante el cual las artes y las ciencias se desarrollan considerablemente, es decir, «renacen» en la mente europea.
3. **Chamarra.** Muchas de las prendas de vestir tienen nombres distintos en cada país. Otras palabras usuales son **casaca, chaqueta, cazadora.**

Comprensión

1. Según el artículo, ¿por qué usan la violencia los grupos neonazis?
2. ¿Quiénes son las víctimas de estos grupos?
3. ¿Cómo se puede identificar a los miembros de estos grupos?
4. ¿En qué creencias se basan estos jóvenes para cometer actos de violencia?
5. ¿Cuál es el objetivo final de estos grupos?
6. ¿Qué creen los especialistas que han analizado estos grupos?

Y tú, ¿qué piensas?

1. ¿Hay problemas raciales en tu universidad? ¿en tu comunidad? ¿Puedes dar ejemplos? ¿Crees que estos problemas han empeorado últimamente o, al contrario, son menos graves ahora? ¿Por qué?
2. ¿Qué crees tú que debe hacer el gobierno frente al racismo? ¿Qué puede hacer un individuo frente a este problema?
3. ¿Cuál es tu opinión de los neonazis en este país? ¿Hay grupos semejantes en tu región?

Actividad

Debate. *Hace algunos años, un grupo nazi organizó una marcha en la ciudad de Skokie, Illinois, una de las ciudades satélites de Chicago. Esta marcha estuvo rodeada de controversias, pues Skokie tiene una población judía muy grande, y algunos de ellos vivieron en los campos de concentración de los nazis durante la segunda guerra mundial.*

La clase se divide en grupos para debatir sobre el tema. Un grupo preparará argumentos a favor del derecho de los nazis a marchar en Skokie, pues es parte de la libertad de palabra garantizada por la constitución. Otro grupo preparará argumentos en contra, pues es nuestro deber evitar que doctrinas peligrosas o poco éticas se infiltren en nuestra sociedad e influyan en la juventud. Pueden usar la biblioteca y buscar argumentos que se usaron en Skokie como parte de la preparación del debate. El profesor (la profesora) será el (la) moderador(a) del debate.

PARA PENSAR

VOCABULARIO ACTIVO

desaparecer (zc)	*to disappear*
envolver (ue)	*to surround, encircle*
rogar (ue)	*to beg*
sobrevivir	*to survive*
(las) armas	*weapons*
(el) desastre	
(la) humanidad	*humankind*
(la) guerra	*war*
(el) miedo	*fear*
(la) nave espacial	*spaceship*
(el) peligro	*danger*
(el/la) sobreviviente	persona que sobrevive a un accidente o desastre
nuclear	
a ratos	de vez en cuando

Ciclos

por Jotacé

Las primeras señales de que la guerra recrudecería° fueron claras: los líderes de los gobiernos anunciaron que por razones de seguridad trasladarían° los cuarteles generales a una de las muchas naves espaciales que orbitaban la tierra. Luego, los jefes de los gobiernos y sus familias abandonaron el planeta. El conflicto nuclear era inminente. Un día el mundo despertó envuelto en fuego. En pocas horas todo lo que la humanidad había construido en miles de años de historia quedó reducido a unos restos calcinados°[1] por el desastre. Las columnas griegas, los teatros romanos, las catedrales góticas, las pirámides aztecas, desaparecieron de la faz de la tierra, y los pocos sobrevivientes trataron de escapar del peligro escondiéndose en las más profundas cavernas y alimentándose° de las pocas plantas y animales que podían encontrar. Por las noches, temblando de miedo y frío, alzaban los brazos hacia la entrada de las cuevas y rogaban al cielo por una señal que les permitiera volver a vivir en la superficie del planeta.

would escalate

cambiarían de lugar

scorched

comiendo

Así pasaron los años. La tierra reverdeció, y la vida comenzó un

nuevo ciclo. Nuevos hombres poblaron el planeta. Los habitantes de las cavernas mientras tanto habían olvidado que existía un mundo exterior, y con el paso de los siglos iban creando una nueva vida subterránea. Numerosas exploraciones y viajes abrieron caminos nuevos y se establecieron contactos con otras gentes en lugares remotos. Surgieron mercaderes° que comerciaban con productos de cavernas lejanas. Los ríos y lagos se convirtieron en centros activos de comercio y crecieron grandes ciudades en sus orillas. Y se organizaron gobiernos que clamaban°[1] en defensa de los intereses de las ciudades, y se declararon guerras entre ellas, y tras la última batalla sobrevivió solamente un niño. Perdido entre la destrucción, caminaba de un lugar a otro sin saber qué hacer. A ratos lloraba desesperado en busca de comida, mientras otras veces se olvidaba de todo y simplemente se movía como en un mundo de sombras°. Así llegó hasta una de las entradas de las cavernas, borrada° ya de la memoria, y salió a la luz. Arriba, muy arriba, volaba un ave°[1]. Vio, a lo lejos, seres° extraños que, sin embargo, le parecían conocidos. Escuchó una explosión.

—Era un mono°, dijo el capataz°, probablemente el único animal que vivía en esa cueva.

Meses más tarde su cadáver yacía°, olvidado y abandonado, bajo el cemento gris de una moderna autopista.

comerciantes

gritaban

shadows

erased

pájaro/*beings*

monkey/**jefe**

lay

Ampliación de palabras

1. **Ave, clamar, calcinado.** *Esta lectura es un cuento corto, y por lo tanto es «literatura». Esto quiere decir que hay varias palabras que no son muy comunes en la conversación diaria, pero que cualquier hablante educado de la lengua comprende. Por eso, es importante que puedas reconocer algunas de éstas pues las encontrarás en periódicos, revistas e incluso las escucharás en el cine y la televisión.*

Comprensión

1. ¿Cuáles fueron las primeras señales de que la guerra recrudecería?
2. ¿Qué hicieron los líderes de los gobiernos y sus familias?
3. ¿Cómo escaparon los que sobrevivieron la guerra?
4. ¿Qué ocurrió en las cavernas con el paso de los siglos?
5. ¿Hubo sobrevivientes después de la última batalla? ¿Quién?
6. ¿Qué ocurre al final del cuento?

Y tú, ¿qué piensas?

1. El peligro de una guerra nuclear es un problema real en nuestro mundo moderno. ¿Qué podemos hacer, a nivel personal y comunitario, para evitarla?
2. Mucha gente piensa que las plantas nucleares que existen para producir electricidad son tan peligrosas como las armas nucleares. ¿Cuál es tu opinión sobre este tema? Justifica tu respuesta. ¿Existe alguna planta nuclear en tu región?

Actividad

¿Quiénes entran en la nave espacial? *Imaginen que el mundo ha sufrido una guerra nuclear, y los sobrevivientes deben abandonar el planeta. Hay un número reducido de naves espaciales listas para partir, pero no todos pueden entrar. Muchas personas deben quedarse en la tierra. Un panel de expertos (ustedes) debe decidir el criterio que se va a usar para elegir quiénes pueden entrar en la nave espacial. Debe ser un criterio lógico, pero muy estricto. En grupos de tres o cuatro, preparen una lista de cuáles deben ser las características de la personas que pueden salvarse.*

Una vez establecida la lista de criterios, piensen en la siguiente situación. Uno de los miembros de tu familia no reúne los criterios establecidos. Ustedes tienen el poder de incluirlo en la lista de los que se salvan. ¿Lo harían? ¿Por qué sí o por qué no?

Presenten los resultados a la clase. Deben estar preparados para defender su punto de vista frente a los demás compañeros.

II. ¿COMO SE DICE?

Maneras de expresar cómo pasa el tiempo

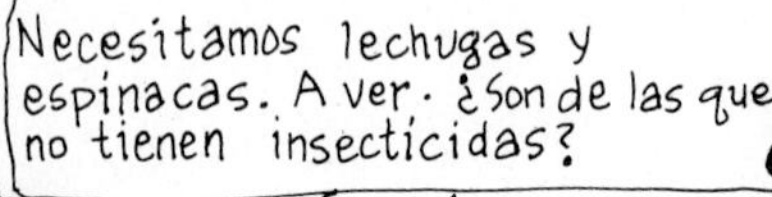

VOCABULARIO ACTIVO

acabar (con)	*to do away with*
(el) ejército	*army*
(la) época[1]	*era, time*
(el) gobierno	
(el/la) terrorista	
(la) violencia	
anteayer[2]	

frecuentemente	
últimamente	recientemente
a menudo	frecuentemente
A ver . . .	*Let's see.*
cada vez más	*more all the time*
de repente	*suddenly*
«el tiempo vuela»	*time flies*
hace (dos) años (horas, semanas)	*(two) years (hours, weeks) ago*
los tiempos cambian	*times change*
llevar (cuatro) (años, horas, días)	*to spend a period of time, to have been*
por desgracia	desafortunadamente
qué exagerado(-a)	*You exaggerate.*

Ampliación de palabras

1. **Epoca.** Esta palabra tiene varios usos, todos relacionados con el paso del tiempo. Se puede usar para referirnos a un momento histórico en particular, por ejemplo, **en la época de los reyes medievales,** o a un momento en particular: **era la época de Navidad cuando . . .** , o para referirnos al pasado reciente: **en mi época todo era distinto.**
2. **Anteayer.** En español es común indicar no solamente el último día que ha pasado **(ayer),** sino el anterior **(anteayer)** e incluso el día anterior a éste **(trasanteayer).** Lo mismo ocurre para indicar el día que vendrá después **(mañana, pasadomañana, traspasado mañana)** y la noche que pasó **(anoche, anteanoche).**

Actividad

«Cualquier tiempo pasado fue mejor.» *Hay un viejo dicho (refrán) español que dice que «cualquier tiempo pasado fue mejor». La clase se divide en grupos para representar una escena. Cada grupo debe decidir la trama* (plot) *y los personajes, pero la escena debe tratar de una o varias personas mayores y uno(-a) o varios(-as) jóvenes. Por ejemplo, el abuelo y la abuela de dos muchachos a quienes les gusta la música de rock y se visten de forma muy moderna, o un señor mayor que entra en un almacén de productos electrónicos, etcétera. Las personas mayores tratan de convencer a los (las) jóvenes de que en su época se vivía mejor que ahora.*

PARA PENSAR

VOCABULARIO ACTIVO

arrojar	tirar, echar
asumir (la responsabilidad)	*to take on (responsibility)*
convertir	
descubrir	hallar, encontrar
limpiar	*to clean*
pesar	*to weigh*
resultar	
(el/la) ambientalista	*environmentalist*
(la) atmósfera	el ambiente
(la) contaminación	
(el) contaminante	lo que ensucia el ambiente
(el) desperdicio	*waste product*
(la) fábrica	*factory*
(el) producto químico	
ambiental	*environmental*
peligroso(-a)	*dangerous*

La contaminación ambiental

La contaminación ambiental es uno de los problemas más serios con los que nos enfrentamos. Cada día, millones de coches, fábricas e incluso nuestras propias casas producen millones de toneladas de contaminantes que van a la atmósfera, donde se acumulan y dan por resultado lo que llamamos «el efecto de vivero». Más aun, hemos convertido a nuestros ríos, lagos y océanos en gigantescas alcantarillas donde arrojamos nuestros desperdicios. De hecho, hemos contaminado nuestras propias fuentes de agua potable con pesticidas y productos químicos que son peligrosos para la vida humana. Finalmente, no hemos descubierto una solución al problema de los desperdicios nucleares, que es un problema cada vez más serio y que pesa sobre nosotros. La tira cómica a continuación nos presenta una visión tal vez exagerada del problema de la contaminación del aire en una ciudad. Pero es posible que el futuro sea quizás peor, si nosotros no asumimos la responsabilidad de limpiar nuestro planeta.

Quino

(el) gracioso *joker*

Comprensión

Según la lectura, decide si las siguientes frases son verdad o mentira.

_____ **1.** Mafalda usa los filtros de los cigarillos para protegerse de la contaminación.

_____ **2.** La contaminación ambiental nos afecta a todos.

_____ **3.** Solamente las fábricas y el gobierno son responsables de la contaminación del ambiente.

_____ **4.** Hasta el momento, no tenemos una solución al problema de los desperdicios nucleares.

¿HABRÁ VIDA EN EL SIGLO 21?

Y tú, ¿qué piensas?

1. «Los ambientalistas son unos exagerados. Es verdad que tenemos problemas con la contaminación ambiental, pero la tecnología los resolverá pronto. Si los ambientalistas pudieran, no dejarían que hubiera progreso, no se abrirían nuevas fábricas y mucha gente no podría trabajar.» ¿Cuál es tu reacción hacia esta opinión? Explica tu respuesta.
2. El papá de Mafalda quiere fumar mientras trabaja en su oficina. ¿Qué opinas tú de la idea de fumar en público? ¿Por qué? ¿Qué opinas de las

leyes que se han promulgado en Estados Unidos sobre fumar en lugares públicos, en restaurantes, en aviones? Explica por qué.

3. ¿Cuál crees tú que es el problema ambiental más importante con el que nos enfrentamos hoy? Explica por qué.
4. ¿Qué debemos hacer nosotros, como individuos, frente al problema de la contaminación?

Actividades

A. **El año 2050.** *La clase se divide en grupos pequeños. Imagina que estás en el año 2050. La contaminación ambiental es tan grande que la gente vive ahora en cuevas bajo tierra. Las formas de actuar, de vestir y de comer han cambiado mucho. Preparen una descripción del día típico de una persona en el año 2050.*

B. **Puntos de vista.** *En parejas, escojan una de las siguientes situaciones y preparen un diálogo entre estos individuos para representar en clase.*

1. Un(a) ambientalista y el (la) dueño(-a) de una fábrica
2. Un(a) fumador(a) y una persona que está en contra del tabaco
3. Un(a) general del Pentágono y un(a) representante del movimiento en contra de las armas nucleares

C. **¿Qué podemos hacer?** *En grupos pequeños, piensen en la rutina de nuestra vida. Cada día nosotros contaminamos el ambiente sin darnos cuenta. Preparen una lista de por los menos diez formas en que contaminamos nuestro mundo cada día. Luego piensen sobre qué podemos hacer para evitar esta contaminación. Finalmente, decidan cuáles de esas soluciones son probables, es decir, ¿qué harías tú, en verdad, para limitar la contaminación?*

PARA PENSAR

VOCABULARIO ACTIVO

detener	
entregarse	*to give oneself up*
llevarse	*to take away*
reprimir	*to repress*
secuestrar	*to kidnap, abduct*

(el/la) desaparecido(-a)
(el) terrorismo
(el/la) testigo *witness*
(la) víctima
(la) tragedia

terco(-a) *stubborn*

Los desaparecidos.

Durante los últimos años de la década de los años setenta y primeros de la década de los ochenta, la dictadura militar en Argentina trató de reprimir todo tipo de movimiento político que ellos consideraban subversivo. Por esa razón, más de 10.000 personas «desaparecieron» sin que se volviera a saber de ellos. Un grupo de mujeres, madres y abuelas de los desaparecidos, empezaron un movimiento de protesta que ayudó junto con otros factores a eliminar la dictadura militar y tener elecciones democráticas. Por desgracia, era muy tarde para los miles de víctimas de la represión. El músico panameño Rubén Blades ha escrito una canción sobre el tema de los desaparecidos en los países hispanoamericanos.

Rubén Blades, compositor, cantante, y actor panameño

Desapariciones
Rubén Blades

Que alguien me diga si ha visto a mi esposo
Preguntaba la doña[1].
Se llama Ernesto X, tiene 40 años,
Trabaja de celador° en un negocio de carros,
llevaba camisa oscura y pantalón claro.
Salió anteanoche y no ha regresado;
No sé qué pensar.
Esto antes nunca me había pasado.

watchman

Llevo tres días buscando a mi hermana,
Se llama Altagracia igual que la abuela.
Salió del trabajo pa'[2] la escuela.
Tenía puestos unos «jeans» y una camisa blanca.
No ha sido el novio. El está en casa.
No saben de ella ni en el PSN° ni en el hospital.

Policía de seguridad nacional

Que alguien me diga si han visto a mi hijo.
Es estudiante de pre-medicina.

Se llama Agustín. Es un buen muchacho.
A veces es terco cuando opina.
Lo han detenido. No sé qué fuerza.
Pantalón blanco, camisa a rayas. Pasó anteayer.

Clara Quiñones se llama mi madre.
Es un alma de Dios, no se mete con nadie°.
Y se la han llevado de testigo
por un asunto que no es más que conmigo.
Y fui a entregarme, hoy por la tarde,
y ahora no saben quién se la llevó del cuartel°.

no . . . *she doesn't bother anyone*
police headquarters

Anoche escuché varias explosiones.
Tiros de escopeta y de revólveres.
Carros acelerados, frenos, gritos.
Eco de botas en la calle.
Toques de puerta°. Quejas. Por Dioses°.
Platos rotos.
Estaba dando la telenovela.
nadie miró pa' fuera.

Toques . . . *knocks* /**Por . . .** *pleading*
bushes

¿Adónde van los desaparecidos?
Busca en el agua y en los matorrales°.
¿Y por qué es que desaparecen?
Porque no todos somos iguales.
¿Y cuándo vuelven los desaparecidos?
Cada vez que los trae el pensamiento.
¿Cómo se le habla al desaparecido?
Con la emoción apretando por dentro°.

bushes
Con . . . *with our feelings from inside*

Ampliación de palabras

1. **Doña.** Originalmente esta palabra era solamente el femenino de **don.** Pero en muchos países hispanoamericanos se ha convertido en sustantivo, y quiere decir cualquier señora casada. En algunos países se abrevia la palabra y se convierte en **'ña.**
2. **Pa'.** En español, como en inglés, la forma coloquial de hablar tiende a unir palabras o hacer que se pierdan algunos sonidos. Un ejemplo muy claro es **para** que se convierte en casi todos los países en **pa'.** Lo mismo ocurre con **nada (na').**

Comprensión

1. ¿Cuántas personas han desaparecido en la canción?
2. ¿Por qué cambia el narrador con cada estrofa *(stanza)*?

3. ¿Qué elementos usa Blades para crear la atmósfera de terror, de soledad y tristeza en la canción?
4. ¿A quiénes se culpa por las desapariciones? ¿Con qué imágenes se describe a los culpables en la canción?
5. Según la canción, ¿quiénes son también en parte responsables?
6. Según la canción, ¿cómo podemos hablar con los desaparecidos?

Y tú, ¿qué piensas?

1. En muchos países del mundo, la policía o el ejército ejercen una función represiva como muestra la canción de Rubén Blades. ¿Qué países conoces donde ocurra esto? ¿Por qué crees que la policía actúa de esta manera?
2. ¿Puedes pensar en situaciones semejantes en Estados Unidos (represión, actividades ilegales del gobierno)? ¿Qué opinas del FBI o la CIA cuando graban conversaciones telefónicas o intervienen en la vida privada de algunos individuos? ¿Qué opinas de las acciones del gobierno hace cuatro décadas, cuando perseguía a personas inocentes acusadas de ser comunistas?
3. Los sociólogos dicen que Estados Unidos es uno de los países más violentos del mundo. ¿Por qué crees que dicen esto? ¿Estás de acuerdo?
4. Piensa en lo que quiere decir **terrorismo** y da una definición del mismo. Luego relaciona esta definición con las acciones de la policía en relación con los desaparecidos. ¿Te sirve la definición que habías dado originalmente? ¿Por qué sí o por qué no? Si tu respuesta es no, trata de pensar en otra definición del terrorismo que incluya acciones del gobierno.
5. Imagina que un miembro de tu familia desaparece sin que nadie sepa nada de su paradero (dónde está). Trata de describir cómo te sentirías en esa situación. ¿Qué harías? ¿Cuáles serían tus emociones si todos tus intentos fracasaran?
6. Muchos niños desaparecen en Estados Unidos cada año, robados por organizaciones que se dedican a vender niños a personas que no pueden tener hijos. Es decir, son víctimas de un crimen por razones económicas. Muchos de estos niños sufren abusos de todo tipo por parte de las personas que los secuestran o que los «compran». ¿Cómo se relaciona este crimen con los desaparecidos víctimas por razones políticas? ¿Cuál de estos crímenes te parece que es peor?

Actividad

Presentación. *Selecciona un problema del mundo moderno que te interese personalmente. Trata de buscar toda la información que puedas sobre este problema ya sea en los periódicos, en la biblioteca o mediante entrevistas privadas. Por ejemplo, si te preocupa la destrucción de los* *bosques tropicales puedes ir a una oficina de* Greenpeace *o alguna organización semejante y entrevistar a algunos de sus miembros. Una vez que tengas el material, organízalo en forma coherente para hacer una breve presentación oral en tu clase. Explica, además, por qué te interesa ese problema en particular.*

MAS ALLA

Entre dos mundos

La política es un tema muy importante en la vida de todos nosotros, pero en los países hispanos muchas veces parece que ese es el único tema de conversación de la gente. Los hispanos por lo general son muy apasionados en sus ideas políticas y suelen estar muy bien informados no sólo sobre su país sino también acerca de la situación política del resto del mundo. En este sentido, a los hispanos les sorprende mucho la falta de interés por la política y la falta de conocimiento que muchos norteamericanos tienen de los conflictos políticos que no afectan directamente a Estados Unidos.

Cuando hay elecciones presidenciales en los países hispanos, la campaña electoral comienza por lo menos un año antes de las elecciones, con anuncios de radio y televisión y numerosos pasquines° pegados en las paredes por todas las ciudades. Cuando se aproximan más las elecciones, los ánimos se caldean° y no es extraño que haya peleas° y algunas veces hasta víctimas. Por esta razón, para evitar accidentes, el día de las elecciones en algunos países no se trabaja, y en varios incluso se declaran tres o cuatro días de vacaciones durante el período electoral.

posters

los . . . *emotions heat up/fights*

En Estados Unidos hay dos partidos políticos que dominan la votación. En la mayoría de los países hispanos hay muchos partidos políticos; a veces quince o más. Por eso es necesario que la votación sea en rondas, es decir, siguiendo un proceso de eliminación de los partidos menos populares hasta poder llegar a un partido que obtenga la mayoría necesaria para ganar las elecciones. Es un sistema algo complicado, pero es el resultado de la pasión política que existe en el mundo hispano.

Palabras, palabras, palabras

A. *Escoge la palabra de cada grupo que no se relaciona con las demás.*

1. contaminar, limpiar, arrojar, ensuciar
2. ayer, anoche, pasadomañana, anteayer
3. entonces, después, primero, luego
4. terrorismo, doña, desastre, guerra, tragedia

B. *¿De qué otra manera pueden expresarse las palabras en bastardilla?*

1. El *asesinato* del presidente *fue* hace más de 25 años.
2. Las elecciones de Chile fueron un *acontecimiento* histórico.
3. El problema del narcotráfico es muy *serio* en los países hispanoamericanos.
4. El secuestro del ministro *ocurrió* el lunes a las tres de la tarde.
5. *Desafortunadamente* no podemos hacer nada para evitar la inflación.

C. *Completa el párrafo, utilizando varias de las siguientes palabras y haciendo cualquier cambio necesario para la concordancia. Cada palabra se usa sólo una vez.*

armas	**asesinato**	**detener**	**luego**	**manifestación**	**por suerte**
preso	**sobrevivir**	**soltar**	**testigo**	**miedo**	

Tengo mucho ____________. Cuando venía por la calle, había una ____________ política, y la policía acababa de llegar. Me contaron que lo que sucedía era que anoche la policía había ____________ al jefe del partido político de oposición y lo habían llevado ____________. La gente dice que es una trampa *(trick)* del gobierno y salieron a protestar a la calle. Algunos tenían ____________ y dispararon, pero ____________ no hubo heridos *(wounded)*. La policía me pidió que fuera ____________ de lo que ocurría, pero yo les dije que no había visto nada. Finalmente me ____________ pero estoy muy asustado.

Para expresarse

¿Quién dice la verdad? *Piensa en una experiencia muy especial que tú has tenido (por ejemplo, trabajar en una campaña electoral, trabajar a favor de una causa social, publicar una carta o artículo en el periódico de tu ciudad o universidad, vivir en otro país). Describe esta experiencia en un pedazo de papel y dáselo a tu profesor(a). El (la) profesor(a) escoge una de estas experiencias y selecciona a tres estudiantes de la clase (uno de ellos es el que de verdad tuvo esta experiencia). El (la) profesor(a) lee para toda la clase la experiencia que ha elegido. Los tres estudiantes seleccionados salen de la clase para prepararse a contestar las preguntas que hará el resto de la clase para averiguar cuál de ellos vivió la experiencia elegida. El objetivo es determinar quién dice la verdad. Después de las preguntas, cada uno de ustedes debe escoger a uno(a) de los tres y explicar a la clase por qué cree que esa persona fue quien tuvo esa experiencia.*

Diario

Todos nosotros vivimos bajo el fantasma de la guerra nuclear. Escribe sobre tus sentimientos acerca de este tema y la violencia en general y sobre lo que puede hacer un individuo con respecto a estos problemas.

Mi diario

____

____

____

____

____

Selected Glossary

A

a: a menudo often; **a propósito** on purpose
el abismo abyss
aborrecer to detest
el abrigo coat
abrir to open
absoluto: en absoluto absolutely not, on the contrary
acabar to finish
el aceite oil
aclarar to clear up
aconsejar to advise
el acontecimiento event
acostumbrar to get used to
la actitud attitude
actual ***adj.*** current
actualmente currently
acuerdo agreement; **ponerse de acuerdo** to come to an agreement; **estar de acuerdo** to agree
adelgazar to lose weight
adivinar to guess
adquirir to acquire
la aduana customs
advertir (ie) to warn
el (la) aeromozo (-a) flight attendant
agradable pleasant
agradecer to thank
ahorrar to save
ajeno (-a) of other people
el ají hot pepper
la alcantarilla sewer
alegre cheerful, happy
alimenticio (-a) nutritious, pertaining to food
el alimento food
el almacén department store
la almendra almond
el almíbar syrup
el almuerzo lunch
el alojamiento lodging
alojarse to stay (in a place of lodging)
alrededor around
el ama (de casa) housewife
amable friendly, kind
el (la) amado (-a) lover
el (la) amante lover
el (la) ambientalista environmentalist
el ambiente environment
ambos (-as) both
la amistad friendship
amonestar to admonish
andino (-a) from the Andes
anhelar to long for, to yearn
anotar to score, to jot down
anteayer day before yesterday
antemano: de antemano beforehand
antes before; **lo antes posible** as soon as possible
anticonceptivo contraceptive
antipático (-a) disagreeable
el anuncio commercial, ad
añadir to add
apaciblemente peacefully
la apariencia appearance
el apellido last name
apenas barely
el apio celery
apoyar to support
aprender to learn
apretar (ie) to tighten, to squeeze
aprobar to pass (a course)
aprovechar to get the most out of
aproximarse to go near
apuntar to write down
arreglar to fix, to arrange
arrepentirse to regret, to repent, to be sorry
arrojar to throw
el arroz rice
asado (-a) grilled, roasted
ascender to climb, to be promoted
asegurar to insure, to assure, to claim
el asesinato murder
asistir to attend
el asunto topic, issue, matter
asustar to scare
el atardecer dusk
atender (ie) to assist
aturdido (-a) surprised, shocked, stunned
aumentar to increase
el ave bird
averiguar to find out
el aviso warning, ad
la ayuda help, assistance
ayudar to help
el ayuntamiento City Hall
azul blue
el azúcar sugar

B

el bachillerato high school, high school diploma, Bachelor's degree
bailar to dance
bajar to go down, to get off; **bajar de peso** to lose weight
bajo (-a) short
la bañera bathtub
el baño bathroom
barato (-a) cheap
barbaridad (una) a lot
bastante enough, sufficient
la bastardilla italics
la batata sweet potato
beber to drink
la beca scholarship
bendecir to bless
el beneficio benefit
besar to kiss
la biblioteca library
bien well; **caerle bien (mal)** to create a good (bad) impression
bienvenido (-a) welcome
el bizcocho cake, cookie
la bocacalle corner, crossroad
el bocadillo sandwich

bondadoso (-a) good-hearted
el borde edge
borracho (-a) drunk
el bosque forest
el brazo arm
breve brief
bromear to joke
la burla joke
buscar to look for, to go and get

C

el cabello hair
caber to fit
la cabeza head
el cacahuete peanut; **var. cacahuate**
cada: cada vez más more and more, increasingly
caer to fall; **caerle bien (mal)** to create a good (bad) impression
el calamar squid
calcinar to burn
el caldo broth
la calificación grade, score
calvo (-a) bald
la cama bed
el (la) camarero (-a) waiter (waitress)
cambiante changing
cambiar to change; **cambiar de idea (opinión)** to change one's mind
el cambio change
la camisa shirt
el campo field, countryside
la canción song
la canela cinnamon
canoso (-a) gray-haired
cansado (-a) tired
el (la) cantante singer
capaz capable
el caracol snail
la caraota bean
cargar to carry, to load
caribeño (-a) from the Caribbean
el cariño affection
cariñoso (-a) loving, warm, affectionate
la carne meat, flesh
caro (-a) expensive, dear
la carrera career, course of study
la casa: el ama de casa housewife
la casaca jacket
casado (-a) married
casarse to marry
el caso case; **hacerle caso** to pay attention to someone or something
castigar to punish
el (la) catedrático (-a) professor
la cazadora jacket
la cebolla onion
la ceja eyebrow
el (la) celador (a) guard
la celda cell (in a jail or monastery)
celoso (-a) jealous
la cena dinner
el cerdo pig, pork
la cerveza beer
cierto (-a) true, certain; **hasta cierto punto** to some extent
la ciruela plum
la cita date, appointment
citarse to make a date or appointment
civil civil; **los derechos civiles** civil rights
la coartada alibi
la cocina kitchen, cuisine
el (la) cocinero (-a) cook
el colegio high school
colgar to hang
colocar to place
comenzar to begin
el (la) comerciante businessperson
el comercio business, trade
cómodo (-a) comfortable
la comadre godmother, close friend
el compadre godfather, close friend
el (la) compañero (-a) friend, companion, classmate
compartir to share
complacer to please
complejo (-a) complex, difficult
el comportamiento behavior
comportarse to behave
comprensivo (-a) ***adj.*** understanding
comprometido (-a) engaged
el compromiso commitment, engagement
compuesto (-a) de consisting of, made of
con with; **con mucho gusto** with pleasure, gladly
la concordancia agreement
el (la) conductor (a) driver
el conejo rabbit
la conferencia lecture
confiado (-a) trusting
confiar to trust
congeniar to get along
conllevar to entail
conocido (-a) known, famous
el conocimiento knowledge
conseguir (i) to get, to obtain
el (la) consejero (-a) advisor
el consejo advice
conservador (a) conservative
el constipado head cold
construir to build
contar to count, to tell (a story)
el (la) contrario (-a) ***n.*** opponent; ***adj.*** opposite
contratar to hire
convenir (ie) to agree
el (la) cónyuge spouse
el correo mail
cortar to cut
costoso (-a) expensive

la costumbre tradition, habit
crecer to grow
la creencia belief
criar to raise; **criarse** to grow up
crudo (-a) raw, uncooked
la cuadra block
el cuartel police station, army barracks
cubrir to cover
la cuchara spoon
la cucharada spoonful
el cuchillo knife
la cuenta bill; **darse cuenta de** to realize
el cuento short story, tale
la cueva cave
cuidar to take care of; **cuidarse** to take care of one's self, to be careful
cuidadoso (-a) careful, cautious
culpable guilty
culpar: echarle la culpa to accuse, to blame
cultivar to cultivate, to raise
culto (-a) well-educated, cultured
el cumpleaños birthday
curarse to heal, to get well

CH

la chamarra jacket
charlar to chat
el cheque check; **cheque de viajero** traveler's check
el chisme gossip
chismear to gossip
el chiste joke

D

dañar to damage
dar: darse cuenta de to realize
el dato piece of information, fact
de: de antemano beforehand; **de lujo** deluxe; **de verdad** really
debajo under
decaído (-a) run down, under the weather
dejar to leave, to allow; **dejar una marca** to influence
delgado (-a) thin
demás (los demás) other people
demasiado (-a) too much, more than enough
demostrar to prove
dentro (de) inside (of)
el deporte sport
el (la) deportista athlete
deprimido (-a) depressed
la derecha right (direction)
el derecho *n.* law, right or privilege; *adv.* straight ahead **los derechos civiles** civil rights; **los derechos de matrícula** tuition
el desacuerdo disagreement
desafortunadamente unfortunately
desarrollar to develop
el desayuno breakfast
descansar to rest
descifrar to decipher
desconocer to be ignorant of
desconocido (-a) unknown
descontento (-a) unhappy
descubrir to discover
descuidado (-a) careless
desear to desire
desempeñar to fill (an office), to play or perform (a role)
el desempleo unemployment
la desgracia disgrace; **por desgracia** unfortunately
despacio slow, slowly
despedirse de to say good-bye
el desperdicio waste
despistado (-a) absent-minded
detener to arrest, to stop
detrás (de) behind
el día feriado holiday
el dicho saying
el diente tooth
difícil difficult
el dinero (en efectivo) cash
Dios God
la dirección address, direction
disculpar to excuse
discutir to argue
diseñar to design
el diseño design
disfrutar to enjoy
disparar to shoot
la disponibilidad availability
dispuesto (-a) ready, willing
divertido (-a) amusing, enjoyable, fun
doblar to turn
doler to hurt
el dolor pain
el domicilio home address
dominar: dominar un idioma to be fluent (in a language)
donar to donate
dorado (-a) golden; **sueño dorado** fondest hope
la duda doubt
el (la) dueño (-a) owner, proprietor
dulce sweet
la dulzura sweetness
duradero (-a) lasting
durante during, while
durar to last

E

echar: echarle la culpa to accuse, to blame
la edad age
el efectivo cash
el ejército army
empeorar to get worse
en: en absoluto absolutely not, on the contrary

enamorado (-a): estar enamorado to be in love
enamorarse (de) to fall in love (with)
el empeño effort
el empleo job
encantar to delight
encargarse (de) to be in charge (of)
encerrar (ie) to lock up
encontrarse to meet
la encuesta survey, poll
enfermo (-a) sick, ill
enfrentarse to confront, to face
la encuesta survey
el (la) enfermero (-a) nurse
enojarse to get angry
enseñar to teach, to show
la entrada ticket
entregar to hand over, to hand in
la entrevista interview
el equipaje luggage
equivocarse to be wrong, to err
escoger to choose
la espalda back (anatomy)
la especialidad major at a university, specialty
estacionar(se) to park
el (la) estadounidense ***n.*** United States citizen; ***adj.*** of the United States
estar: estar a régimen to be on a diet: **estar de acuerdo** to agree
el estómago stomach
el éxito success

F

la fábrica factory
fabricar to manufacture
fácil easy, simple
la facilidad ease, facility
la falta absence, fault; **hacer falta** to be lacking, missing
faltar to be lacking, missing
el fantasma ghost
el (la) farmacéutico (-a) pharmacist
fatigado (-a) tired, fatigued
la fecha date
la felicidad happiness
festivo (-a) festive
la fe faith
la fiebre fever
fiel faithful
fijarse (en) to pay attention (to)
el fin end; **el fin de semana** weekend
la firma signature
firmar to sign
la flor flower
el formulario questionnaire, form
fracasar to fail
frenar to stop, to brake
el freno brake
la fresa strawberry
fresco (-a) fresh, cool
el frijol bean
frito fried
el fuego fire
fuera outside
fuerte strong
la fuerza strength
el (la) fumador (a) smoker
fumar to smoke

G

el (la) gallego (-a) Galician
el gallo rooster
el ganado cattle
ganar to win
las ganas desire; **tener ganas de** to feel like (doing something)
la garganta throat
gastar to spend
el gasto expense
la gente people
golpear to hit, to knock
gordo (-a) fat
grabar to record, engrave
gracioso (-a) funny, amusing
grande: las grandes potencias superpowers
gratis (-a) free (of cost)
gratuito (-a) free (of cost)
la gripe flu
gris gray
gritar to shout
el grito shout
guardar to keep; **guardar la línea** to stay slim
la guardería day care center
la guerra war
el (la) guerrillero (-a) guerrilla fighter
el (la) guía guide
el gusto taste, preference; **a gusto** at ease, comfortable; **con mucho gusto** with pleasure, gladly

H

la habichuela bean
la habilidad ability
la habitación room
hacer: hacerle caso to pay attention to someone or something; **hacer falta** to be lacking; missing
hallar to find
el hambre hunger
hasta: hasta cierto punto to some extent
el hecho fact
el helado ice cream
herido (-a) wounded
la hierba grass
el hipo hiccups
el hogar home
la hoguera bonfire
la hoja leaf
el horario schedule
hospedarse to stay in a hotel
hoy en día nowadays, today
el huevo egg

I

la idea idea; **cambiar de idea (opinión)** to change one's mind
el idioma language; **dominar un idioma** to be fluent in a language

imprescindible essential, absolutely necessary
inesperadamente unexpectedly
la infancia childhood
infantil childish, childlike
el informe report
la infusión herbal tea
ingenuo (-a) naive
el ingreso income
inmiscuirse to get involved
insípido (-a) tasteless, bland
el intento attempt
inútil worthless, useless
involucrar to involve
isleño (-a) from or pertaining to an island
la izquierda left (direction)

J

jamás never
el jamón ham
el jardín garden
el (la) jefe chief, boss
el jerez sherry wine
joven young
el (la) judío (-a) Jew; **las judías** beans
el juego game
el (la) jugador (a) player, gambler
el jugo juice
el juicio judgment
juntar to join
junto a next to
juntos (-as) together
justo (-a) fair
la juventud youth

L

lacio (el pelo) straight (hair)
el lado side
el lago lake
la langosta lobster
la lágrima tear
la lástima pity
la lechuga lettuce
el (la) lector (a) reader
la lectura reading
la legumbre vegetable
lejos far
la lengua language, tongue; **malas lenguas** malicious gossipers
la ley law
la libra pound
libre free; **el rato libre** free time
limpiar to clean
limpio (-a) clean
línea line; **guardar la línea** to stay slim
liso (-a) straight, smooth
la lista list
listo (-a) ready, smart
el lobo wolf
locuaz talkative
lograr to achieve, to obtain
la lucha fight, struggle
luchar to fight, to struggle
el lugar place
el lujo luxury; **de lujo** deluxe

LL

la llanta tire
llegar to arrive
llenar to fill, to fill up, to fill out
lleno (-a) full
llevar to carry; **llevarse bien (mal)** to get along well (badly); **llevar preso (-a) (a alguien)** to take (someone) prisoner
llorar to cry

M

la madrugada dawn, early morning
madrugar to get up early
maduro (-a) mature, ripe
mal (a) bad; sick; **malas lenguas** malicious gossipers; **terminar mal (bien)** to turn out badly (well)
la maleta suitcase
el maletero car trunk, porter
la manera way, manner
la manifestación demonstration
la manzana apple
mañana tomorrow; **pasado mañana** day after tomorrow
el mar sea
la marca mark; stamp; **dejar una marca** to influence
el marido husband
el marisco seafood
matar to kill
la materia course, subject
el matorral bush
la matrícula registration, tuition; **los derechos de matrícula** tuition
mayor older
la mayoría majority
la mayúscula capital letter
mediante through, by means of
el medicamento prescription drug
el mediodía noon
la mejilla cheek
mejor better
mejorar to improve
menor younger
la mente mind
la mentira lie; **parecer mentira (que)** it's hard to believe (that)
menudo internal organs; **a menudo** often
merecer to deserve
la merienda afternoon snack
el (la) mesero (-a) waiter (waitress)
mezclar to mix
el miedo fear
la minifalda miniskirt
la moda fashion
molestar to disturb, to bother; **molestarse** to trouble oneself
molesto (-a) bothered, angry

morir (ue) to die
mostrar to show
mucho; con mucho gusto with pleasure, gladly
las muletas crutches
muerte death; **la pena de muerte** death sentence
el mundo world

N

nacer to be born
nada nothing
la naranja orange
el (la) narcotraficante drug smuggler
el narcotráfico drug smuggling
la naturaleza nature
la nave ship
la navidad Christmas
negar (ie) to deny; **negarse** to refuse
el negocio place of business, store; **los negocios** business
negro (-a) black
el neumático tire
ni: ni siquiera not even
la nieve snow
el nivel level
nocivo (-a) harmful
nota: sacar una nota to receive a grade
novedoso (-a) new, innovative
el noviazgo engagement
nuevamente again
nunca never
nutritivo (-a) nutritious

O

odiar to hate
el odio hatred
oir to hear
el ojo eye
la opinion opinion; **cambiar de opinión** to change one's mind
olvidadizo (-a) forgetful
olvidar to forget
la oración sentence
orgulloso (-a) proud
oscurecer to darken
oscuro (-a) dark

P

el padrino godfather
la pantalla screen
la papa potato
el papel role, part (in a play or theatrical work)
el parabrisas windshield
el paracaídas parachute
parecer to look like, seem; **parecerse** to resemble; **parecer mentira (que)** it's hard to believe (that)
el parecer opinion; **a mi parecer** in my opinion
la pared wall
la pareja couple, pair
el paro strike, unemployment
el partido game, match, political party
la pasa raisin
pasado: pasado mañana the day after tomorrow
el pasaje ticket (for transportation)
el (la) pasajero (-a) passenger
el pasatiempo hobby
el pasquín poster, street advertisement
el pastel cake, pie, pastry
la patata potato
el pavo turkey
la paz peace
la página page
el pecado sin
el pedazo piece
pedir to request, ask for
pelear to fight
el peligro danger
el pelo: el pelo lacio straight hair
peligroso (-a) dangerous
la pena sadness, sorrow; **la pena de muerte** death sentence
peor worse
la percha hanger
percibir to perceive
perezoso (-a) lazy
el perfil profile
el (la) periodista journalist
el periódico newspaper
perseguir to persecute
el personaje character
pertenecer (a) to belong (to)
pesar to weight
el pescado fish
picante spicy
la pierna leg
el pie foot
la pimienta black pepper
el pimiento green pepper
el plátano plantain
pleno (-a) full, complete
la pobreza poverty
el poder power
el pollo chicken
la pólvora gun powder
poner to put; **ponerse de acuerdo** to come to an agreement
por: por desgracia unfortunately; **por otra parte** on the other hand; **por suerte** fortunately, luckily; **por supuesto** of course
el poroto bean
la posada inn
posible: lo antes posible as soon as possible
el postre dessert
precoz precocious
el prejuicio prejudice
la prensa press
la preocupación concern, worry
preocuparse to worry
el (la) preso (-a) prisoner
el presupuesto budget
el préstamo loan
la primaria grade school
la primavera spring

el (la) primo (-a) cousin
el príncipe prince; **el príncipe azul** Prince Charming
el principio moral value, principle
probar to try, to taste
el promedio average
la propina tip
propio (-a) own
proponer to suggest
el propósito objective, purpose; **a propósito** on purpose
la propuesta proposition
proveer to provide
próximo (-a) next, following
el público audience
el pueblo town, people
el puerto harbor, port
el puesto job
el pulpo octopus
el punto point; **el punto de vista** point of view; **hasta cierto punto** to some extent

Q

quedar: quedar en que to agree on; **quedarse** to stay
el quehacer task, chore
quejarse to complain
la queja complaint
la quemadura burn
querer to love, to want; **querer decir** to mean
querido (-a) beloved, dear
el queso cheese
quitar to remove, to take away
quizá(s) perhaps, maybe

R

el rábano radish
la rana frog
el rasgo trait
el rato time, while; **el rato libre** free time
la raya line, stripe
la raza race
la razón reason; **tener razón** to be right
razonable reasonable
realizar to carry out
la rebanada slice
la receta prescription, recipe
recibir to receive
recordar to remember
el rector chancellor
el recuerdo memory, remembrance, souvenir
recurrir (a) to resort, turn (to)
el recurso resource
la red net, network
reflejar to reflect
el refrán saying
regalar to give (a gift)
el régimen diet; **estar a régimen** to be on a diet
la regla rule
regresar to return
rehusar to refuse
relajarse to relax
renunciar to resign, to give up
reprimir to suppress
el requisito requirement
la resaca hangover
la reserva reserve
resolver to solve
restar to subtract
el resumen summary
resumir to summarize
el resurgimiento resurgence
retrasado (-a) late, retarded
retroceder to go back
la reunión meeting
la revista magazine
el rey king
rezar to pray
el riesgo risk
el río river
rizado (-a) curly, wavy
rodear to surround
la rodilla knee
rogar to beg
rojo (-a) red
romper to break
el ron rum
la ropa clothes
rosado (-a) pink
el ruido noise

S

el sabor taste
sabroso (-a) tasty
sacar to take out; **sacar una nota** to receive a grade
salir to go out
el salón living room
la salsa sauce, dressing; a popular Caribbean music
la salud health
el saludo greeting
sano (-a) healthy
secuestrar to kidnap
seguir to follow
seguro (-a) sure, safe; **seguro (-a) de sí mismo (-a)** self-confident
según according to
la semana week; **el fin de semana** weekend
semejante similar
sencillo (-a) simple, easy
sensible sensitive
sentarse to sit
el sentimiento feeling
sentir to feel
señalar to point out
el ser being; **el ser humano** human being
el SIDA AIDS
siempre always
el significado meaning
siguiente next, following
simpático (-a) nice, charming
el síntoma symptom
el sitio place
situar to locate
el sobre envelope
sobresaliente outstanding
el (la) sobreviviente survivor
sobrevivir to survive
solamente only
la soledad loneliness
soler (ue) to be in the habit of
solicitar to apply for
sollozar to sob

solo (-a) alone
soltar to release
el (la) soltero (-a) single person
el sombrero hat
el sonido sound
sonreír smile
el (la) soñador (a) dreamer; ***adj.*** dreamy
soportar to put up with, to bear
sorprender to surprise
suave soft, gentle
subdesarrollado (-a) underdeveloped
suceder to happen, to occur
el suceso event
el sueldo salary
el sueño dream; **el sueño dorado** fondest hope
la suerte luck; **por suerte** fortunately, luckily
suficiente enough
el sufrimiento suffering
sugerir (ie) to suggest
sumar to add
superarse to get ahead
suponer to assume
surgir to emerge
suspender to fail (a course)

T

tacaño (-a) stingy, cheap
el tamaño size
la tarde *n.* afternoon; ***adj.*** late
la tarea homework
la tarifa fee, fare
la tarjeta card
la tarta tart, pastry, cake
la tasa rate
la taza cup
la telenovela soap opera
el tema theme subject
el temor fear
temprano early
el tenedor fork
tener: tener ganas de to feel like; **tener razón** to be right
terco (-a) stubborn
terminar to finish, end; **terminar mal (bien)** to turn out badly (well)
la ternera veal
la ternura tenderness
el terreno terrain
el (la) testigo witness
el tiburón shark
el tiempo time; weather
la timidez shyness
el tinto red wine
la tira cómica comic strip
el tiro shot
el tobillo ankle
tocar to touch, to play (an instrument)
torcerse (ue) to twist
la torta cake
la tos cough
el (la) trabajador (-a) *n.* worker; ***adj.*** hard-working
trabajar to work
traer to bring
la trama plot
tratar to try, to attempt; **tratarse de** to be about (an event or theme)
el trébol clover
triste sad
la tristeza sadness
el trozo piece

U

unir to join
últimamente lately, recently
último (-a) last
único (-a) only, unique
útil useful

V

vaciar to empty
vacilar to doubt
vago (-a) lazy, vague
el (la) vecino (-a) neighbor
vencer to win, conquer
vender to sell
venir to come; **venirle bien (mal)** to be convenient (inconvenient)
la venta sale
la ventaja advantage
la ventana window
la ventanilla car window
ver see; **A ver.** Let's see.
el verano summer
la verdad truth; **de verdad** really
verde green
la verdura green vegetable
el verso line in poetry
el vestido woman's dress
vestirse to get dressed
viajar to travel
el viaje trip
el (la) viajero (-a) traveler; **cheque de viajero** traveler's check
la vida life
el vidrio glass
viejo (-a) old
el vino wine
la vista view; **punto de vista** point of view
el (la) viudo (-a) *n.* widower (widow); ***adj.*** widowed
el vivero greenhouse
la voluntad will, will power
voluntarioso (-a) willful, strong-willed
el vuelo flight

Z

el zapato shoe

Vocabulario Adicional

Prendas de vestir

barrette la hebilla
bathing suit el bañador, el traje de baño
bathrobe la salida de baño, la bata de baño
belt el cinturón, la correa (Andes)
beret la boina
bermuda shorts las bermudas
bikini el bikini
blazer la chaqueta, el saco, el gabán (Caribe)
blouse la blusa
boots las botas
bra el sostén, el portasenos, el brasier (P.R.)
brooch el prendedor
button el botón
cap la gorra, el gorro
chain la cadenilla
coat el abrigo
coat la chaqueta, el saco, el gabán (Caribe)
dress el vestido, el traje (P.R.)
earrings los pendientes (Esp.), los zarcillos (Andes), los aretes, las pantallas (Caribe)
full slip la combinación
gloves los guantes
hairpin la horquilla
handkerchief el pañuelo
hat el sombrero
high-heel shoes los zapatos de tacón alto
jacket la chaqueta, la cazadora (Esp.)
jeans los jeans, los vaqueros (Esp.)
light coat el sobretodo
long scarf, muffler la bufanda
miniskirt la minifalda
muffler la bufanda
necklace el collar
nightshirt el camisón
pajamas el pijama, la pijama
panties el calzoncillo, los calzonarios (Ecuador), los pantis (P.R.), las bragas (Esp.)
pants el pantalón, los pantalones
pants (women's) el pantalón de mujer, el calzón (Ecuador)
pantyhose las pantimedias, las medias-pantis
pin el prendedor
pocket el bolsillo
purse el bolso, la bolsa (Esp.), la cartera (Lat. Am.)
raincoat la gabardina, el impermeable
ring el anillo, el aro, la sortija
robe la bata, la salida de cama
sandals las sandalias
scarf (decorative) el pañuelo
scarf (heavy) la bufanda
shawl el chal, el pañolón
shirt la camisa
shoelaces los cordones
shoes los zapatos
shorts los patalones cortos, los shorts
skirt la falda
slip el fondo, la enagua
slippers las zapatillas, las pantuflas (Esp.)
sneakers los zapatos de tenis, las zapatillas (P.R.)
socks los calcetines
stickpin el prendedor
stockings las medias
suit el traje
sweatsuit, sweatshirt la sudadera, el calentador, el chandal (Esp.)
sweater el suéter, el jersey (Esp.), la chompa (Andes)
T-shirt la camiseta
tie la corbata
umbrella el paraguas
undershirt la camiseta
underwear la ropa interior
vest el chaleco
wallet la cartera, la billetera (Lat. Am.)
wedding ring la alianza, el anillo
zipper el cierre, la cremallera (Esp.)

Estudios y profesiones

Accounting la contabilidad
Aerospacial sciences las ciencias aereoespaciales
Afro-American Studies los estudios afroamericanos
Agriculture la agricultura
Agricultural Economics la economía agrícola
Animal Sciences las ciencias animales
Anthropology la antropología
Arabic el árabe
Archeology la arqueología
Architecture la arquitectura
Art el arte, las artes
Art History la historia del arte
Asian Languages las lenguas asiáticas

Astrophysics la astrofísica
Astronomy la astronomía
Biochemistry la bioquímica
Biology la biología
Botany la botánica
Broadcasting los estudio de radiodifusión
Business Administration la administración de empresas
Business el negocio, el comercio
Chemical Engineering la ingeniería química
Chemistry la química
Chinese el chino
Chiropractics la quiropráctica
Cinematography la cinematografía
Civil Engineering la ingeniería civil
Classics los estudios clásicos
Communications las comunicaciones
Comparative Literature la literatura comparada
Computer Sciences las ciencias de computadoras, la computación
Computer Programming la programación de computadoras
Counseling la consejería, la orientación profesional
Dentistry la odontología
Design el diseño
Dramatic Arts las artes dramáticas
Economics la economía
Education la educación
Electric Engineering la ingeniería eléctrica
English el inglés
Entomology la entomología
Environmental Sciences las ciencias ambientales
Environmental Design el diseño ambiental
Ethics la ética
Finances las finanzas
Food Sciences las ciencias de la alimentación
Food Engineering la ingeniería de alimentos
Forestry la ingeniería forestal
French el francés
Geography la geografía
Geology la geología
German el alemán
Greek el griego
Hebrew el hebreo
History la historia
Home Economics la economía doméstica
Hotel Administration la administración de hoteles
Industrial Engineering la ingeniería industrial
International Studies los estudios internacionales
Italian el italiano
Japanese el japonés
Journalism el periodismo
Latin el latín
Law el derecho, la abogacía
Legal Studies los estudios legales
Linguistics la lingüística
Literature la literatura
Marine Biology la biología marina
Mathematics las matemáticas
Mechanical Engineering la ingeniería mecánica
Medical Technology la tecnología médica
Medicine la medicina
Meteorology la meteorología
Microbiology la microbiología
Musical Appreciation la apreciación musical
Music la música
Neurology la neurología
Nursing la enfermería
Nutrition la nutrición
Oriental Studies los estudios orientales
Orthodontics la ortodoncia
Orthopedics la ortopedia
Osteopathy la osteopatía
Pathology la patología
Pediatrics la pediatría
Philosophy la filosofía
Phonetics la fonética
Physics la física
Plant and Soil Sciences las ciencias de plantas y suelos
Pneumology la neumología
Polish el polaco
Political Sciences las ciencias políticas
Political Economics la economía política
Portuguese el portugués
Psychology la psicología
Psychiatry la psiquiatría
Public Health la salud pública
Russian el ruso
Social Sciences las ciencias sociales
Social Work el trabajo social
Sociology la sociología
Spanish el español

Sport Sciences los estudios deportivos
Sports Medicine la medicina deportiva
Statistics la estadística
Surgery la cirugía
Theater el teatro
Tourism el turismo
Veterinary Sciences la veterinaria
Women's Studies los estudios sobre la mujer
Zoology la zoología

La comida

appetizers los entremeses, los aperitivos, las tapas (Esp.), los piscolabis (P.R.), la picada (Arg.)
apple la manzana
apricot el albaricoque
artichoke la alcachofa
asparagus los espárragos
avocado el aguacate
bacon el tocino
baked horneado, al horno
banana la banana, el plátano (Esp.), el guineo (Lat. Am., small species of banana)
barley la cebada
bay leaves el laurel
beans las habichuelas (P.R.), los frijoles (Mex.), las judías (Esp.), los porotos (Andes), las caraotas (Ven.)
beef la carne de res
beer la cerveza
black pepper la pimienta
bread el pan
broiled asado
cake el pastel, el bizcocho
carbonated con gas
carrot la zanahoria
celery el apio
cereals los cereales
cheese el queso
cherry la cereza
chick-pea el garbanzo
chicken el pollo
chop la chuleta
coffee el café; **coffee and milk** el café con leche; **black coffee** el café solo (Esp.), tinto (Andes), negro
condiments los condimentos
cookie la galleta
crab el cangrejo
cracker la galleta
cranberries los arándanos
cucumber el pepino
dinnerware la vajilla
drink la bebida
duck el pato
egg el huevo
fish el pescado
fork el tenedor
fried frito
fruit la fruta
garlic el ajo
goose el ganso
grape la uva
grapefruit la toronja, el pomelo (Esp.)
green pepper el pimiento
grilled asado
grouper el mero
ham el jamón
hot chocolate el chocolate
hot pepper el ají
ice cream el helado, el mantecado (P.R.), la nieve (Mex.)
juice el jugo
knife el cuchillo
lamb el cordero
lentils las lentejas
lettuce la lechuga
lobster la langosta
meat la carne
melon el melón
milk la leche
mineral water el agua mineral
mushroom el champiñón, la seta (Esp.), el hongo
mussel el mejillón
napkin la servilleta
non-carbonated sin gas
noodles los fideos
oats, oatmeal la avena
octopus el pulpo
oil el aceite
olive oil el aceite de oliva
onion la cebolla
orange la naranja
oregano el orégano
oysters las ostras
papaya la papaya
paprika el pimentón
parsley el perejil
peach el durazno, el melocotón
pear la pera
peas (green) las alverjas (Lat. Am.), los guisantes (Esp.)
pineapple la piña
plum la ciruela
pork el cerdo, el cochinillo, el lechón, el puerco
potatoes las papas, las patatas (Esp.)
pumpkin la calabaza
raisin la pasa
red snapper el pargo
red wine el vino tinto
ribs las costillas
rice el arroz
roasted a la plancha
rosé wine el vino rosado
spaghetti los tallarines, los espaguettis (Caribe)
saffron el azafrán
salad la ensalada
salmon el salmón
salt la sal
seafood los mariscos
shrimp el camarón
silverware los cubiertos
soda water la soda

soft drink el refresco, la gaseosa
soup la sopa
spoon la cuchara
squash el calabacín
squid los calamares
strawberry la fresa, la frutilla, el fresón
tablecloth el mantel
tangerine la mandarina
tea el té
teaspoon la cucharilla
thyme el tomillo
toast el pan tostado
tomato el tomate, el jitomate (Mex.)
trout la trucha
tunafish el atún
turkey el pavo, el guajalote (Mex.) el guanajo (Cuba)
vegetables las legumbres
vinegar el vinagre
watermelon la sandía
wheat el trigo
white wine el vino blanco
wine el vino

Literary Credits

We wish to thank the authors, publishers, and holders of copyright for their permission to use the reading materials in this book.

Four Mafalda cartoons and one Quino cartoon reprinted by permission of Alicia Liria Colombo.

«¿Cómo son las hijas del Presidente del Ecuador?» from *Hogar*, reprinted by permission of Editores Nacionales S. A.

«La influencia de los colores» from *Temas*, reprinted by permission of *Temas*.

Ballesta Cartoon from *Cambio 16*, reprinted by permission of *Cambio 16*.

«Intervención en la crisis» from *Magazine*, reprinted by permission of BASH Monthly *Magazine*.

Letter to the Editor by Carmen Viana from *Temas*, reprinted by permission of *Temas*.

Feiffer: copyright 1982, Jules Feiffer. Reprinted by permission of Union Press Syndicate.

«La chica cosmo trabaja» from *Cosmopolitan*, 13, No. 2 1985, copyright holder America Publishing Group, reprinted by permission of the literary agency Editorial América, S. A.

Ads in newspaper reprinted by permission of *El Nuevo Día*.

«Morir por curarse» from *Cambio 16*, reprinted by permission of *Cambio 16*.

Ads in newspaper from *La Opinión*, reprinted by permission of *La Opinión*.

«Como perdí 22 kilos» from *Hola*, reprinted by permission of *Hola*.

Cartoon from *Condorito*, No. 213, published by EDICOL, reprinted by permission of the literary agency America Publishing Group.

«Una crisis de película» from *Somos*, reprinted by permission of *Somos*.

«103 horas frente a la tele» from *Somos*, reprinted by permission of *Somos*.

«Halloween, noche de brujas» from *La Opinión*, reprinted by permission of *La Opinión*.

«El rock sajón» from *Revista de la UNAM*, reprinted by permission of *Revista de la UNAM*.

Marsha Rosen, «Apta para el matrimonio» from *Testing Your Marriage IQ*, Spanish translation in *Cosmopolitan*, 1984, reprinted by permission of the publisher Monarch Press, New York, NY.

Silvio Rodríguez, «Imagínate» song.

«El negocio de la soledad» from *Somos*, reprinted by permission of *Somos*.

«Cocaína: la epidemia que viene» from *Cambio 16*, reprinted by permission of *Cambio 16*.

«Declaraciones íntimas: María Albaicín» from *Blanco y Negro*, «Reproducción del diario *ABC*».

«Jóvenes, ¿nueva ola de conservadurismo?» reprinted by permission of Carta de España.

«El panorama religioso de hoy» from *Cambio 16*, reprinted by permission of *Cambio 16*.

«Olivia Newton John y su consejo para lograr la felicidad» from *Semana*, reprinted by permission of *Semana*.

«El renacimiento del nazismo» from *Hombre de Mundo*, 13, No. 6, 1988, copyright holder America Publishing Group, reprinted by permission of the literary agency Editorial América, S. A.

Rubén Blades, «Desaparecidos», song, reprinted by permission of Rubén Blades Productions Inc.

«¿Sabe Ud. lo que sabe?» from *Temas*, reprinted by permission of *Temas*.

«Un menú de locos» from *Somos*, reprinted by permission of *Somos*.

Photo credits

31, (lower left), RMM Management Group, New York. 108, © Peter Menzel. 124, © Peter Menzel. 128, © Peter Menzel. 136–137, © Peter Menzel. 156, UPI/Bettmann Newsphotos. 160, © Peter Menzel. 164–165, © Peter Menzel. 177, © Beryl Goldberg. 183, Stuart Cohen/Comstock. 190, © Peter Menzel. 194–195, Hugh Rogers/Monkmeyer Press. 206, (upper), Dennis Stock/Magnum Photos, Inc. 206, (lower), © Peter Menzel. 210, © Miguel Sayago/Photo Researchers, Inc. 218–219, © Arlene Collins/Monkmeyer Press. 226, UPI/Bettmann Newsphotos. 233, UPI/Bettman Newsphotos.